知識ゼロからの

博物館入門

江戸東京博物館館長
竹内 誠

The beginner's guide for enjoying a museum

幻冬舎

はじめに

日本には大小5000を上回る博物館があります。それらの博物館では、たとえば人類の歴史と文化、科学技術の変遷と未来、あるいは宇宙や地球の誕生にまつわる事実など、太古から現在までに収集されたさまざまな〝人の知〟を皆さんに提供しています。

現在の博物館は、古色蒼然とした展示をそっと見学する場所ではありません。知を楽しむワンダーランドといってもよいほどに進化を遂げています。博物館に一歩足を踏み入れると、皆さんは自分自身の好奇心が目覚めることに気がつくでしょう。

博物館の歴史は、古代ギリシャに始まるといいます。古くから、人は珍しいものや貴重なものを集め、世代を超え、国を越えて脈々と伝えてきました。集め、伝えることは博物館の大きな役割のひとつです。しかし、現代において博物館は、体感することや感性を磨くことに対しても大きな役割を担うようになっています。博物館には新鮮でワクワクする楽しさが詰まっているのです。

本書では100館余りの博物館等の施設をご紹介しています。独自のテーマを展開している館もあれば、そこでしか見ることのできない文化財を保存している館など、各館はそれぞれ個性を競っています。しかし、日本中にはほかにも個性的な博物館がまだまだたくさんあります。そして、それらの博物館は知の宝庫として皆さんに開放されています。

どうぞ博物館というワンダーランドにお出かけください。

竹内　誠

国立科学博物館

たばこと塩の博物館

ペン・ステーション

大人も楽しい乗り物博物館

歴史好きにはたまらない博物館

自然の不思議に迫る博物館

ルーツを探る博物館

奈良県立橿原考古学研究所附属博物館

上：旭川市科学館「サイパル」
下：姫路科学館

体験したら もっと楽しい博物館

神社仏閣博物館

これも見逃せない！　お宝いっぱい！

「お出かけDATA」についてのご注意

- 入館料は常設展・平常展のみ掲載しています。企画展・特別展等については別途入館料が決められます（両展とも同料金の館もあります）。
- 休館日は変更になることもあります。ホームページか電話でご確認ください。
- 障害者の方は観覧料（入館料）が割引、あるいは無料になることがあります。詳しくは各館にご確認ください。
- 年齢によって割引料金が適用される場合は、年齢の確認できるものが必要な場合があります。
- 駐車場は有料の場合があります。また、駐車場がある表示の場合でも、館の近くの駐車場を利用する場合があります。
- 館が主催するワークショップなどでは、観覧料（入館料）のほかに別途料金が必要な場合があります。
- 喫茶・レストランはどちらかのみの館もあります。
- 交通機関で記載している所要時間はおよその時間です。また、交通機関は記載以外の方法もあります。

アイコンについて

- 喫茶・レストラン
- 屋内 バリアフリー
- 車椅子貸出
- P 駐車場
- ロッカー
- ベビーカー貸出

で示しているものは、その施設がないことを示しています。

※2009年11月現在のデータです。

カバー写真提供

- 日本科学未来館
- 江戸東京博物館
- 倉敷民藝館
- トヨタ博物館
- 長崎歴史文化博物館
- 福井県立恐竜博物館
- 耕三寺博物館

一度は
行きたい
博物館

日本の歴史、東洋の美に触れる

東京国立博物館

とうきょうこくりつはくぶつかん

東京都台東区

上野恩賜公園内にあり、１８７２（明治５）年に創設された日本最初の博物館。本館のほか、表慶館、東洋館、平成館、法隆寺宝物館の５つの施設からなり、収蔵品の総数は11万件余、そのうち国宝87件、重要文化財６２２件（２００９年現在）におよびます。現在の本館建物（重要文化財）は１９３８（昭和13）年に完成。「日本ギャラリー」と呼ばれており、１階に彫刻、漆工、刀剣などのジャンル別に作品を展示し、２階では縄文から江戸時代までの時代をおって日本美術の流れを紹介。作品保護のため定期的に展示替えされるので、訪れるたびに新しい作品に出会えるはず。特別展「国宝 阿修羅展」（２００９年）では約94万人の来場者を誇り、大きな話題を呼びました。

５棟の茶室、重要文化財の黒門（旧因州池田屋敷表門）や校倉《あぜくら》など構内の歴史的建造物をめぐってみるのもよいでしょう。

学芸員のイチオシコーナー

日本人なら見ておきたい「日本美術の流れ」

東京国立博物館には５つの展示館がありますが、メインはなんといっても本館（日本ギャラリー）です。おすすめは2階の「日本美術の流れ」。10ある部屋をぐるりとひと回りすれば、縄文時代から江戸時代まで日本の文化の流れを国宝や重要文化財を含む本物の作品でたどることができます。縄文土器の代表選手「火焔土器」など、だれでも教科書で見たことのある有名作品が目白押し。一生に一度は見るべき、日本人なら(必)の展示です。

お出かけDATA

- 〒110-8712　東京都台東区上野公園13-9
- 03-5777-8600(ハローダイヤル)
- 9：30～17：00(入館は16：30まで)
- 休 月曜日(祝日または振替休日の場合は翌日休館)、年末年始
- ¥ 一般600円、大学生400円、高校生以下および18歳未満と70歳以上は平常展については無料
- JR上野駅公園口・鶯谷駅から徒歩10分、地下鉄銀座線・日比谷線上野駅または千代田線根津駅から徒歩15分、京成電鉄京成上野駅から徒歩15分

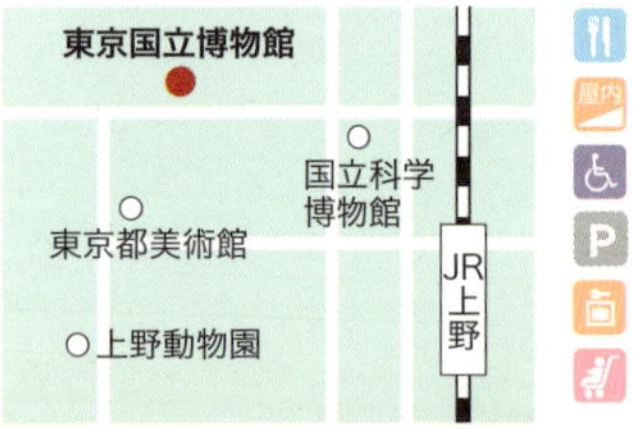

※来館する際の展示作品については、東京国立博物館ホームページなどで確認してください。※東洋館は改修のため閉館中。

国宝「秋冬山水図(冬景)」。雪舟筆。室町時代(15世紀)。

東洲斎写楽による「三世大谷鬼次の奴江戸兵衛」。江戸時代・1794(寛政6)年。

国宝「普賢菩薩像」。平安時代(12世紀)。

本館2室(国宝室)の「松林図屏風」の展示。

重要文化財「毘沙門天立像」。平安時代・1162(応保2)年。

ミュージアムショップで買いたいオリジナルグッズ

八橋缶入りクッキー
1,050円(税込)

国宝の「八橋蒔絵螺鈿硯箱」を模した缶に東京會舘のクッキーが入っています。

得 ミニ知識

小堀遠州の魅力に触れる

博物館本館の裏手にあたる庭園(年2回公開)には、5棟の茶室が点在しています。そのなかに、遠州流の開祖である、茶人・小堀遠州(1579〜1647年)が京都伏見の六地蔵に建てた後、移築された「転合庵《てんごうあん》」が、池に臨んで建っています。遠州は茶人としてだけではなく、造築や庭園、茶室の設計など、広い分野にわたって活躍していました。庭園の代表作には、京都市にある二条城・二の丸庭園の池泉《ちせん》回遊式庭園や、浜松市にある龍潭寺の庭園などがあります。遠州の世界観は、江戸時代中頃から華道にも影響を与え、現在もその美意識が受け継がれています。

資料の価値を再認識する、魅力ある展示手法

東京大学総合研究博物館

とうきょうだいがくそうごうけんきゅうはくぶつかん

東京都文京区

東京大学本郷キャンパスの一角に、国内初の教育研究型ユニヴァーシティ・ミュージアムとして１９９６（平成８）年春に誕生。１８７７（明治10）年の創学以降東京大学が蓄積している６００万点以上もの学術標本のうちの３００万余点が収蔵されています。展示は年に２、３回展示替えを行う特別展示や常設展示、ミニ展示などで展開されており、実験的な展示手法を用いた斬新なデザインは、来館者の高い人気を得ています。

２００２（平成14）年にはミュージアム・テクノロジー寄付研究部門を設置し、新しい博物館のあり方を発信しているのもこの館の特徴。次回の展示が待ち遠しくなる博物館として注目されています。

特別展示「命の認識」展より。

大森貝塚と陸平貝塚から発掘された資料が並ぶ。

お出かけDATA

〒113-0033　東京都文京区本郷7-3-1
東京大学本郷キャンパス内

03-5777-8600（ハローダイヤル）

10：00～17：00（入館は16：30まで）

休 常設展示：土・日曜日、祝日
特別展示：月曜日　※要確認

¥ 無料

地下鉄丸ノ内線本郷三丁目駅から徒歩6分、都営大江戸線本郷三丁目駅から徒歩3分

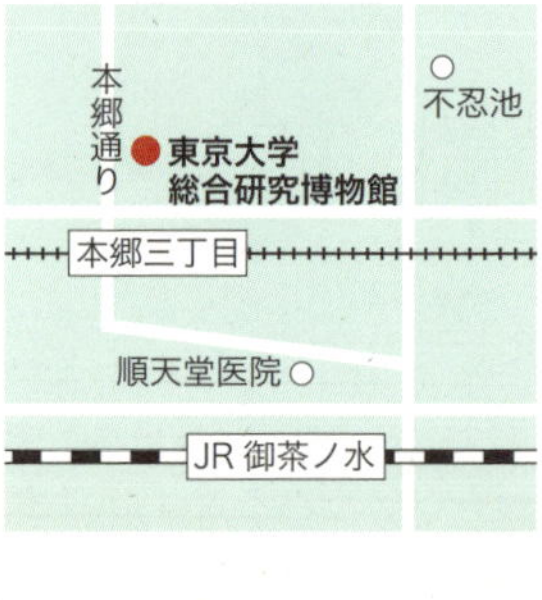

学芸員のイチオシコーナー

展示そのものに研究の成果が凝縮

東京大学総合研究博物館では、学術研究から生まれる標本資料を多彩な視点から展示公開しています。常設展ならびに年2回の特別展を開催しており、最先端の研究、創学以来の130余年の学史、学術とアートのコラボレーションなどにおいて、展示活動そのものを研究の一環と位置づけ、新たな展示表現を試みています。2010年（平成22）年現在の常設展示では、日本の先史人類学の曙期を担った明治期の土器、土偶、石器、古人骨などの名品を一部初公開しています。また、人骨資料を自ら学ぶコーナーを設けています。

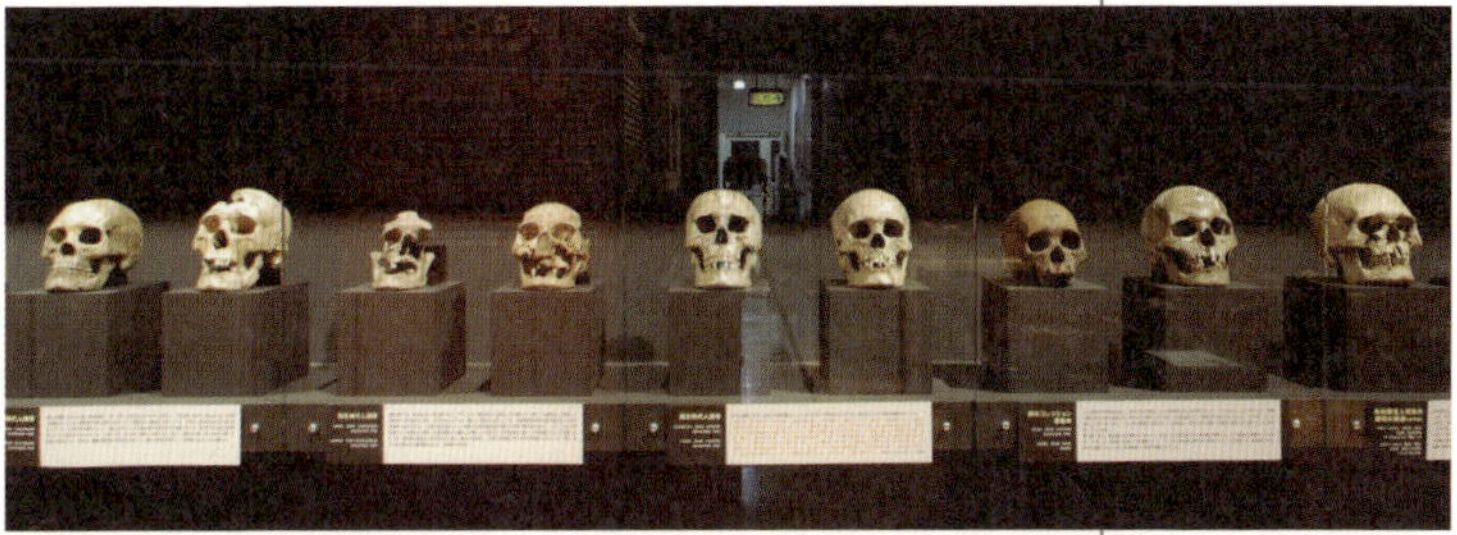

1877（明治10）年の大森貝塚発掘以来収集されてきた古人骨のなかでも、学術的に意味の大きな名品を展示。

得 ミニ知識

赤門は将軍家の子女の住まいの門

東京大学といえば「赤門」。この門は金沢の前田家の上屋敷（旧加賀屋敷）にあった御守殿門で、1877（明治10）年に東京大学に移管されました。御守殿とは、江戸時代、大名家に嫁いだ将軍家の子女が住む住居を指し、その奥御殿の門を赤く塗ったことから赤門と呼ばれるようになりました。

東大の赤門は、1827（文政10）年に加賀藩13代藩主前田斉泰が、11代将軍徳川家斉の娘・溶《やす》姫《ひめ》を正室に迎えるにあたりつくらせたものです。ちなみに表門は黒門と呼ばれていました。

現在、赤門は東大にしか残っておらず、国の重要文化財に指定されています。

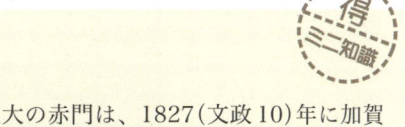

科学の楽しさを体感

国立科学博物館

こくりつかがくはくぶつかん

東京都台東区

国内唯一の国立の総合的な科学博物館として、１８７７（明治10）年に設立。１９２３（大正12）年の関東大震災の際は施設、資料などが消失するという困難もありましたが、現在ではおよそ３８０万点の資料を収集・保管するにいたっています。

２００４（平成16）年に新館として「地球館」が誕生。その3年後には旧東京科学博物館本館をリニューアルし「日本館」としてオープンするなど、常に新しい試みを取り入れながら刷新されています。

２００６（平成18）年に新たに設置された「シアター３《サン》６《ロク》〇《マル》」では、全方向３６０度、音と映像に包まれ、実際に恐竜や地球内部の世界に入り込んでしまったような不思議な体験ができます。

学芸員のイチオシコーナー

世界で最も状態のよいトリケラトプスの実物化石標本

地球館地下1階にあるトリケラトプスの実物化石標本は組立骨格標本ではないため、一見地味に見えますが、実は大変価値のある展示物です。通常、恐竜の化石は発掘された化石がどの部分のものか研究者が推測し組立骨格標本化するのですが、展示されているトリケラトプスはそのままの状態で発見されたもので、トリケラトプスという恐竜がどのような姿をしていたのかが一見してわかるものとなっています。このような極めて状態のよい化石標本は世界で２例しかありません。

お出かけDATA

- 〒110-8718 東京都台東区上野公園7-20
- 03-5777-8600（ハローダイヤル）
- 9:00～17:00、金曜日は9:00～20:00（いずれも入館は閉館の30分前まで）
- 休 月曜日（祝日または振替休日の場合は翌火曜日休館）、年末年始
- ¥ 一般・大学生600円、高校生以下と満65歳以上は常設展については無料
- JR上野駅公園口から徒歩5分、地下鉄銀座線・日比谷線上野駅から徒歩10分

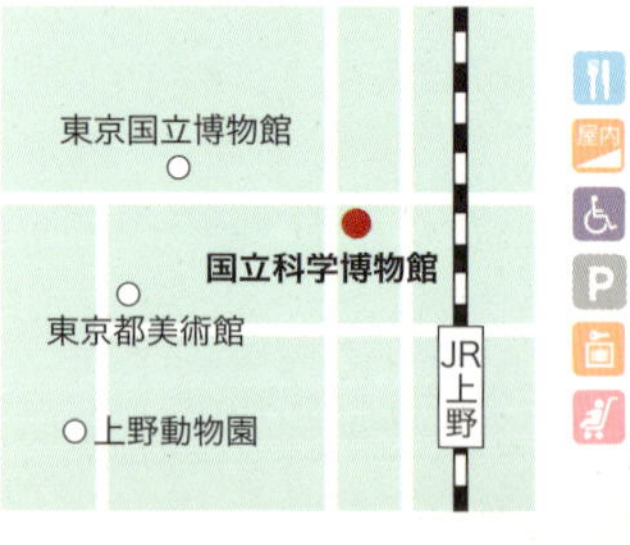

地球館2階は科学技術に関する展示。宇宙飛行士の若田光一さんがロボットアームで回収してきたSFU(フリーフライヤー)人工衛星。

地球館3階には115体もの剥製標本が展示されている。血管や筋肉の浮き方など極めて精巧な剥製標本。

さまざまな動植物によって私たちの地球は形成されていることを視覚で理解できる。

ミュージアムショップで買いたいオリジナルグッズ

国立科学博物館 カプセルミュージアム

1個300円(税込)

国立科学博物館日本館のリニューアルオープンにあわせ日本館で展示される収蔵品を題材に製作されました。

世界最大のシロナガスクジラ

得 ミニ知識

国立科学博物館入口では、館のシンボルともいえるシロナガスクジラの模型が、大海原を悠然と泳いでいるような姿で来館者を迎えてくれます。哺乳類の一種であるシロナガスクジラは、現在地球上に生存している動物種のなかで最大を誇ります。模型の体長は30m。過去には約34mのものが確認された記録も残っており、重さ200tを超えるものもいたといわれています。実際には、あまりに巨大なため、1回で重さを測ることはできず、解体された後、何回かに分けて測定されていました。

知らなかった"日本"に出会って、新たな発見！

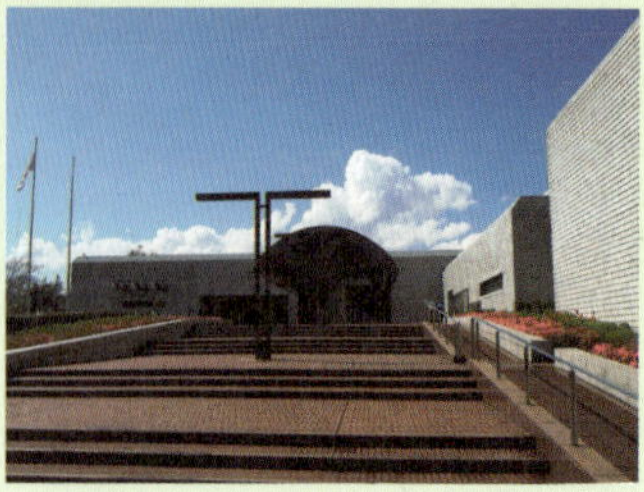

国立歴史民俗博物館

こくりつれきしみんぞくはくぶつかん

千葉県佐倉市

国立歴史民俗博物館は広大な佐倉城址のなかに、原始・古代から近代にいたるまでの歴史と日本人の民俗世界をテーマに1983(昭和58)年3月に開館。「れきはく」の愛称で親しまれています。

常設の総合展示は27のテーマに分かれ、館内外の研究者がプロジェクトを組んでテーマを研究。

展示では各テーマに即した精巧な複製品や復元模型などを積極的に利用して紹介しています。高床式の倉庫や平城京の入口にあった「羅城門《らじょうもん》」などの復元模型は見ごたえたっぷり。昭和初期の浅草の町並み復元のなかの映画館では無声映画を上映。趣向を凝らした展示に足を止める来館者も少なくありません。

屋外展示場として、生活文化を支えてきた植物を、「食べる」「治す」「染める」など6つのテーマに分けて植栽した「くらしの植物苑」を併設しています。

平安時代の貴族の冬の服装。夏には衣替えされる。

お出かけDATA

- 〒285-8502 千葉県佐倉市城内町117
- 03-5777-8600（ハローダイヤル）
- 3〜9月9:30〜17:00、10〜2月9:30〜16:30（いずれも入館は閉館の30分前まで）
- 休 月曜日（祝日または振替休日の場合は翌火曜日休館）、年末年始
- ¥ 一般420円、高校生・大学生250円、中学生以下は無料
- JR佐倉駅からバスで15分、京成本線京成佐倉駅から徒歩15分

博物館の見どころアドバイス

日本人の生活史から日本を再発見

本館では、特定の歴史や人物に焦点をあてた展示はしていません。

日本の歴史と文化の流れのなかで重要とされるテーマについて、一般庶民を中心とした生活史に重点をおいて構成している「総合展示」が最大の特徴です。

展示室は第1から第6まで6つに分かれており、研究に基づいてつくられた精密なジオラマやレプリカによって日本の歴史や民俗について総合的に学ぶことができます。

昭和初期の浅草の路地空間を復元。映画館や床屋などが軒を連ねている。

8世紀初めに奈良につくられた平城京。その入口にあった「羅城門」。高さは24m余り。

「れきはく」の南東、旧佐倉城の一画に設けられた「くらしの植物苑」のなかの東屋。6つのテーマに分けられて植物が育てられている（高校生以上100円）。

ミュージアムショップで買いたいオリジナルグッズ

江戸図屏風扇子
1,575円（税込）

17世紀前半の江戸を描いた「江戸図屏風」。市中を焼きつくした明暦の大火（1657年）以前の江戸を描いた絵画は大変貴重な資料。この扇子の場面は日本橋と北側の町々。

得 ミニ知識

同潤会アパートに見る“住まいは文化”

展示室のなかに、関東大震災後に中流層向けに建てられた同潤会アパートの台所と居間を設定した文化住宅の再現風景が見られます。

1922（大正11）年、上野で平和記念東京博覧会が開かれた際、展示の企画として「文化村」がつくられ14棟の文化住宅が建てられたことをきっかけに、文化と住まいの関係が日本でも見直されることになりました。同潤会アパートは博覧会の1年後に起こった関東大震災の後、質のよい文化住宅として建てられたものです。

京都で熟成された文化を堪能する

京都国立博物館

きょうとこくりつはくぶつかん

京都府京都市

京都にある多くの社寺が所蔵していた宝物の保護を進めるため、博物館設置が定められ、「帝国京都博物館」として1897(明治30)年5月に開館。格調高い赤煉瓦の建物は、建築家片山東熊《かたやまとうくま》によるものです。収蔵品は寄託品を含む1万2000余点。そのなかには国宝100余点、重要文化財780点近くを含んでおり、京都の歴史を語る貴重な資料を守るための、博物館の役割の重さが感じられます。敷地内には「特別展示館」のほかに、リニューアルを進めている「平常展示館」、そして屋外彫刻や噴水、仏像などを見て回ることのできる野外展示があります。エリアごとに多くの作品、資料が点在し、趣の違った屋外空間を散策することができます。

17世紀、江戸時代に俵屋宗達によって描かれた「蓮池水禽図」(国宝)。2本の蓮と2羽のかいつぶり、それぞれの静と動を水墨のみで表現している。

お出かけDATA

- 〒605-0931 京都府京都市東山区茶屋町527
- 075-525-2473(テレホンサービス)
- 9:30〜18:00(入館は17:30まで)
- 休 月曜日(祝日または振替休日の場合は翌火曜日休館)
- ¥ 展覧会ごとに異なる
- JR京都駅から市バスD2乗り場より206・208号系統で博物館・三十三間堂前下車徒歩すぐ、京阪電車七条駅から徒歩7分

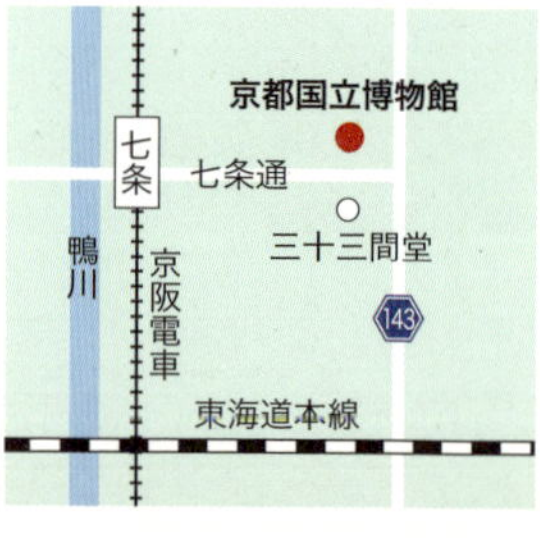

※平常展示館建て替えのため、特別展示以外は休館中。開館時間、休館日に注意してください。2013年度に完成予定。

「阿国歌舞伎図」(重要文化財)。17世紀、桃山時代の作品。阿国歌舞伎の代表的演目「茶屋遊び」の様子が描かれている。囃しに三味線がなく、笛や鼓だけで演じられていることから、阿国歌舞伎の初期の頃を描いていると考えられている。

国の重要文化財に指定されている特別展示館の中央室。

ミュージアムショップで買いたいオリジナルグッズ

扇子 2,625円(税込)

京都国立博物館の収蔵品である松村景文の「四季花鳥図帖」のなかの1枚を写しています。上品な色合いが女性に人気。

日本で唯一の宮廷建築家 片山東熊

京都国立博物館を設計した片山東熊(1854～1917年)は明治期に宮廷建築家として活躍。ヨーロッパの宮廷を思わせる格式高い建築様式が特徴で、国宝に指定されている旧東宮御所(現在は迎賓館)をはじめ、奈良国立博物館、東京国立博物館表慶館など、多くの作品が重要文化財に指定されています。片山は1877(明治10)年に来日したイギリス出身の建築家、ジョサイア・コンドルの最初の弟子で、コンドルが日本に残した多くの作品からもその影響を読み取ることができます。

「みんぱく」で世界中を旅してみよう

国立民族学博物館

こくりつみんぞくがくはくぶつかん

大阪府吹田市

国立民族学博物館は博物館施設をもった文化人類学・民族学の研究機関です。大学院も併設しており、研究者の養成もしています。

博物館は、民族資料の収集・公開などの活動により、諸民族についての認識と理解を深めることを目的として、１９７７(昭和52)年11月から一般公開されています。収蔵資料は、生活用具をはじめ生業や儀礼などに関する27万点以上と膨大な数にのぼります。常設展示場の地域展示は、オセアニアから東回りに世界一周し、最後に日本に到着する構成。日本の文化を世界の文化との関連のなかで理解できるように配慮したものです。展示替えが行われるテーマ展示では、各地域の新しい動きなどを紹介しています。ビデオテークのコーナーでは、少数民族の葬送儀礼や結婚式、お菓子づくりの様子など世界の人々の生活や芸能を自由に視聴することができます。

研究者のイチオシコーナー

ベリーダンスを見ることもできる「西アジア展示場」

エジプトやトルコなどのアラブ世界の伝統舞踊ベリーダンス。ここでは、実際にベリーダンサーが着用していた衣装を展示。マネキンもベリーダンスのポーズをしていて、雰囲気がよく伝わってきます。また、衣装の展示の近くで、世界のベリーダンスの映像を見ることもできます。

お出かけDATA

- 〒565-8511 大阪府吹田市千里万博公園10-1
- 06-6876-2151(代表)
- 10:00～17:00(入館は16:30まで)
- 休 水曜日(祝日または振替休日の場合は翌木曜日休館)、年末年始
- ¥ 一般420円、高校生・大学生250円、小学生・中学生110円
- 大阪モノレール万博記念公園駅から徒歩15分

イスラム教徒の聖地メッカのカアバ神殿にかかっていたキスワ(写真右側)。キスワは毎年取り換えられるもので、展示のキスワは1970(昭和45)年寄贈のもの。

イスラム圏に広く伝わる楽器を展示。

ザンビアに伝わるニャウの仮面の数々。葬送儀礼の際に、死者の霊を祖先の世界に送り届ける役割を担うという。

ミュージアムショップで買いたいオリジナルグッズ

風呂敷「ホタテ貝と巡礼者」

1,680円(税込)

「サンチャゴ・デ・コンポステラ巡礼路」という世界遺産では道標や宿、巡礼手帳などさまざまなものにホタテ貝が用いられています。そのホタテ貝と巡礼者をモチーフにした風呂敷です。

得 ミニ知識

「みんぱく」から、世界へ扉を開こう

世界には現在およそ193の国に、68億の人が暮らし、6000以上の言葉が話されています。中国語、英語、ヒンディー語、そしてスペイン語の順で多く使われており、特に中国語は、世界の人口の5人に1人が使用しているともいわれています。展示室には、約150以上の言葉について紹介している世界の言葉の装置があります。実際に世界中でどんな言葉が使われているのかを調べてみると、国を越えて、もっと詳しく世界が見えてきます。

明治ってこんな時代だった!

博物館明治村

はくぶつかんめいじむら

愛知県犬山市

近代日本の文化史を語るうえで大変重要な〝明治〟にこだわった施設として、谷口吉郎博士(博物館明治村初代館長)と土川元夫氏(元名古屋鉄道株式会社会長)の協力により、1965(昭和40)年3月に開村。

当時15件ほどだった施設は、現在60件以上となり、敷地も100万m²に拡充されました。聖ヨハネ教会堂や三重県庁舎、札幌電話交換局など、重要文化財に指定された貴重な建物が数多く移築されています。建物だけではなく、明治時代に運行していた京都市電や蒸気機関車に乗車できるほか、当時のベストセラー小説『食道楽』より再現したメニューを味わえるなど〝明治〟を満喫できます。

学芸員のイチオシコーナー

家具に触れて明治を発見!

博物館明治村に移築されている西郷従道《つぐみち》邸や帝国ホテル中央玄関などでは、展示されている家具を見るだけでなく、実際に触れることもできます。展示されている家具は、赤坂離宮(現・迎賓館)や明治宮殿、鹿鳴館で使用されたもの、富士屋ホテルや日光金谷ホテルといったクラシックホテルで使用されたもの、はたまたフランク・ロイド・ライトや武田伍一といった、建築家によってデザインされたものまでバラエティーに富んでいます。100年前に使用されていた家具に触れることで、新たな明治を発見してみませんか。

お出かけDATA

- 〒484-0000　愛知県犬山市内山1
- 0568-67-0314
- 3〜10月9:30〜17:00、11〜2月9:30〜16:00
- 休 1月・2月・12月の毎週月曜日(祝日および正月期間は除く)、12月31日
- ¥ 大人(18歳以上)1600円、シニア(65歳以上)1200円、高校生1000円、小学生・中学生600円　※入村料金のみを表示
- 名鉄犬山線犬山駅から明治村行バスで終点下車

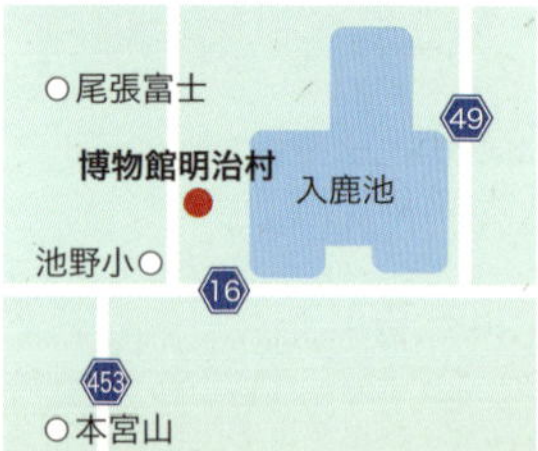

※村内は一部起伏の激しい場所があります。

アメリカの建築家フランク・ロイド・ライトが設計した帝国ホテル中央玄関。1923(大正12)年に4年の歳月を経て完成。

京都市下京区河原町通に、1907(明治40)年に建てられた聖ヨハネ教会堂。1階は煉瓦づくり、2階は木造。中世ヨーロッパのロマネスク様式を基本として、随所にゴシックのデザインを取り入れている。

1887(明治20)年頃に建てられた当時の一般的な住宅だが、1890(明治23)年には森鷗外、その後には夏目漱石も住み、それぞれ『舞姫』『吾輩は猫である』をここで執筆している。

ショップで買いたいオススメグッズ

カードケース　4,200円(税込)
ボールペン　8,400円(税込)

帝国ホテルの設計者フランク・ロイド・ライトのデザインを使った幾何学模様のカードケースとボールペン。帝国ホテル中央玄関売店で購入できます。

得 ミニ知識

明治生まれの文化、技術はこんなにあった！

明治時代というと、日本に西洋からの文化や技術、制度が導入された時代です。たとえば、1869(明治２)年、東京・横浜間に電線が張られて電信が開通。1871(明治４)年には飛脚に代わり、東京、京都、大阪で郵便制度が発足。翌年にはポストが設置されました。当初はイギリスのポストを導入していたため角柱型の黒いポストでしたが、1908(明治41)年には夜でもわかるようにと鉄製円柱型の赤いポストに生まれ変わりました。1872(明治５)年10月には新橋・横浜間に鉄道が開通しています。

仏教美術の最高峰に出会える

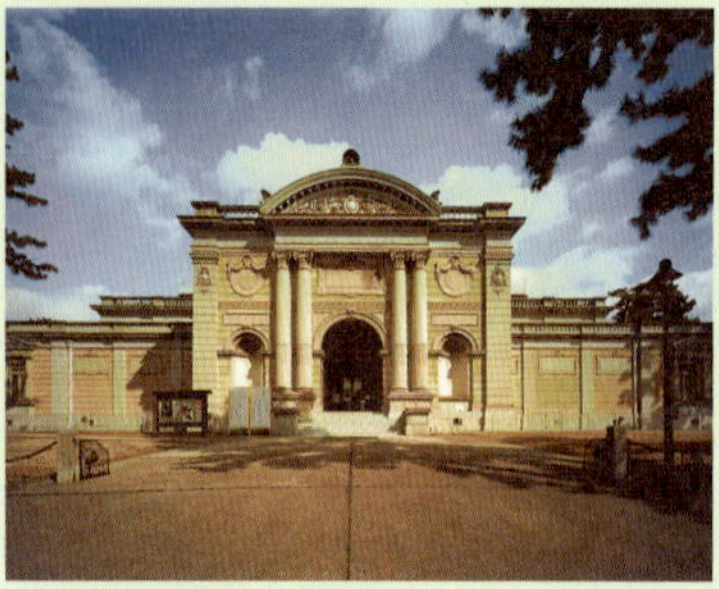

奈良国立博物館

ならこくりつはくぶつかん

奈良県奈良市

奈良公園の一角にあり、周囲には東大寺、興福寺、春日大社など歴史的に重要な神社仏閣が点在しています。そうした環境のなか、東京国立博物館につぐ2番目の国立博物館として、1895(明治28)年4月に開館しました。1997(平成9)年には本館と東新館・西新館を結ぶ地下回廊が完成。回廊は誰でも入れる無料ゾーンで、ミュージアムショップやレストランなどが並んでいます。散策の途中でも気軽に立ち寄れる雰囲気は、旅行者にも人気です。

「愛染明王坐像」(重要文化財)。鎌倉時代に、東大寺大仏殿の柱を使って仏師・快成らによって造立された。高さ26.2cm。

学芸員のイチオシコーナー

本館は日本一の「仏像の殿堂」

明治時代を代表する洋館建築のひとつである本館(重要文化財)で、仏像彫刻を常時展示しています。奈良地方に伝わった仏像のコーナー、阿弥陀如来・観音菩薩といった種類別の展示、日本の仏像の源流になったガンダーラや中国の仏像コーナーなどで構成されており、上の写真のような国宝・重要文化財を多数含む仏像がずらりと並ぶ様子は圧巻です。まさに「仏像の殿堂」と呼べる内容で、仏像に関する展示では質量共に日本一といえます。

お出かけDATA

- 〒630-8213　奈良県奈良市登大路町50
- 050-5542-8600(ハローダイヤル)
- 9:30〜17:00(入館は16:30まで)
- 休 月曜日(祝日または振替休日の場合は翌火曜日休館)、年末年始
- ¥ 一般500円、大学生250円、高校生以下・18歳未満と70歳以上は平常展については無料
- 近鉄奈良駅から徒歩15分、JR奈良駅・近鉄奈良駅から市内循環バス氷室神社・国立博物館下車すぐ

※2009年11月以降は西新館、2010年2月15日以降は本館で改修工事予定のため、開館状況については問い合わせを。

「多聞天立像」（重要文化財）。鎌倉時代のもので、奈良国立博物館保管の増長天、興福寺の広目天、広島・耕三寺の持国天と共に四天王を構成していた。高さ155.5cm。

国宝「薬師如来坐像」。平安時代に彫られた像で、京都東山の若王子《にゃくおうじ》社の本地仏と伝えられる。高さ49.7cm。

ミュージアムショップで買いたいオリジナルグッズ

元気が出る仏像ミニクリアファイル

1枚189円（税込）

仏像がかわいくデザインされたクリアファイル。釈迦（ブルー）、地蔵（オレンジ）、阿修羅（レッド）、天人（ピンク）、走り大黒（パープル）、蔵王権現（グリーン）の6種類があります。

得 ミニ知識

天平時代からの宝物を守る正倉院

奈良国立博物館で毎年1回行われている「正倉院展」。正倉院とは、高床の校倉造をした倉庫のなかに、聖武天皇・光明皇后ゆかりの品をはじめ、平城京を中心に栄えた天平時代（8世紀）の多数の美術工芸品を収蔵していた施設です（1963年、宝物類は新しい収蔵施設へ移されました）。

宝物には絵画や書跡、漆工のほか、中国（唐）やペルシャなど、海外から伝わった工芸品などの品々も含まれます。管理する宮内庁が整理済みの宝物だけで9000点にもおよぶといいます。現在では「古都奈良の文化財」の一部としてユネスコの世界遺産（文化遺産）に登録されています。

最先端科学に触れ、サイエンスの世界に飛び込もう

日本科学未来館

にっぽんかがくみらいかん

東京都江東区

すべての人に最先端の科学技術を伝えるためのサイエンスミュージアムとして、2001(平成13)年7月に開館。6階までの吹抜け空間に浮かぶ「ジオ・コスモス」は、およそ200万分の1の地球を模しており、球体の表面には、毎日の地球上空の雲の画像が映し出されています。

展示は「地球環境とフロンティア」「生命の科学と人間」「技術革新と未来」「情報科学技術と社会」の4つのテーマで展開。「インタープリター」と呼ばれる展示解説員が、コミュニケーションを通して来館者の興味を引き出し、展示の魅力を伝えてくれます。自然観や生命観といった大きな視点から科学をとらえる一方、科学と日常生活との関わりを考えるなど、未来館の展示は現在進行形の科学を来館者に伝える工夫を凝らしています。もちろん、最先端技術を紹介しているため、訪れるたびに新しい発見ができるのも魅力です。

学芸員のイチオシコーナー

立体視プラネタリウム番組「バースデイ～宇宙とわたしをつなぐもの～」

約25分で宇宙の成り立ちなどを説明する番組。地球から太陽系、銀河系と、宇宙を外へ外へと旅しながら、それらの誕生シーンに立ち会っていきます。3Dの専用ゴーグルをかけると、星が接近しては遠ざかる様子や、生まれたての銀河が目の前や頭上を飛び交う様子をリアルに鑑賞できます。星空を見上げるというよりは、宇宙遊泳をしているような気分になれるプラネタリウムです。

お出かけDATA

- 〒135-0064 東京都江東区青海2-3-6
- 03-3570-9151
- 10:00～17:00(入館は16:30まで)
- 休 火曜日、年末年始
- ¥ 大人600円、18歳以下200円
- 新交通ゆりかもめテレコムセンター駅から徒歩4分

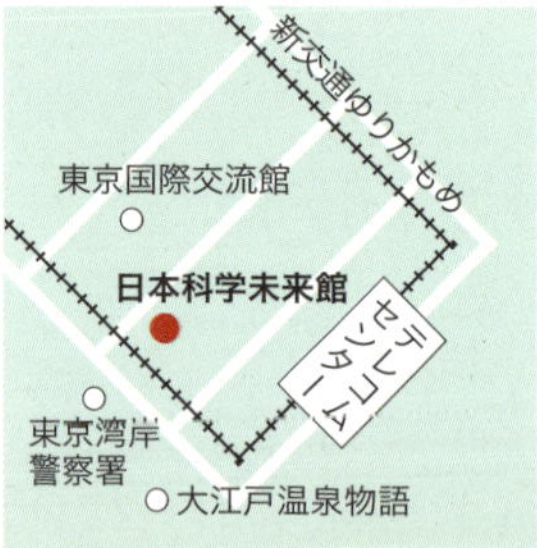

研究者や技術者の創造力を視覚化した展示。

宇宙での生活や研究活動を知る「こちら、国際宇宙ステーション(ISS)」のコーナー。

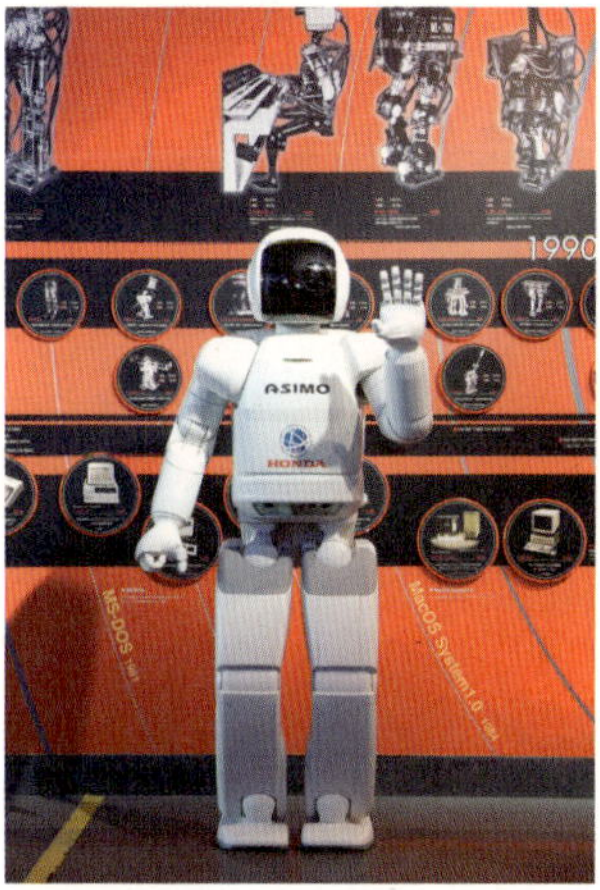

ASIMOは館の展示解説員(インタープリター)。

6階までの吹抜け空間に浮かぶ「ジオ・コスモス」。直径6.5mの球体には約100万個の発光ダイオードが貼り込まれている。

ミュージアムショップで買いたいオリジナルグッズ

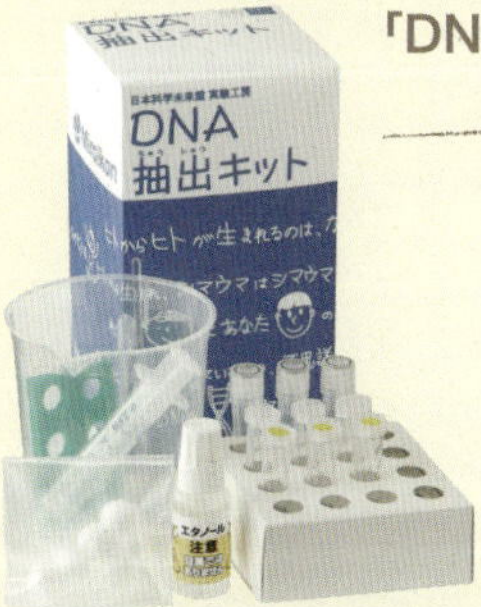

「DNA抽出キット」
1,500円(税込)

身近な食べ物からDNAを取り出して、生命の不思議について考えてみましょう。本格的な実験を手軽に楽しめます。

無重力は体への負担が大きい

得 ミニ知識

私たちが生活する地球と宇宙空間との違いといってまず思い浮かぶのは、「無重力状態」でしょう。軽々と宙を浮いているように見えますが、重力が身体にかからないと、人体へもさまざまな影響があることがわかってきました。重力がないと骨がもろくなり、筋肉も衰えてしまいます。そのため、宇宙飛行士たちは衰えを防ぐために毎日筋力トレーニングを行っています。また、宇宙に着いた直後は下半身の体液が上に移動し、顔がむくむなどの症状が現れたり、血液や尿の量も変化します。気持ちよさそうに見える無重力ですが、そこに滞在するのはなかなか大変そうです。

アジアがもっと身近になってくる

九州国立博物館

きゅうしゅうこくりつはくぶつかん

福岡県太宰府市

日本文化の形成をアジア史的観点からとらえるというコンセプトをもとに運営をしている同館は、国内4番目の国立博物館として2005（平成17）年に誕生しました。開館1周年で入館者数220万人を突破。現在でも年間約150万人の来館者があります。壁面がガラスでできたかまぼこ型の建物に入ると、天井には九州各地の間伐材を利用したエントランスホールが広がります。

文化交流展示と呼ばれる平常展では、「海の道、アジアの路」をテーマにアジアとの交流を知るうえでの文化財を時代別の5大テーマに分けて展示しています。また、期間限定のトピック展示では来館者の知識欲を満たしてくれる工夫も。展示と関連したテーマを映像や音響で体感できる空間、実際に触れることができる空間など、〝歴史は苦手〟という人にもわかりやすい展示を行っています。

学芸員のイチオシコーナー

文化交流展示室で あなたも遣唐使体験

九州国立博物館の平常展にあたる4階の文化交流展示室を見ると、旧石器時代から江戸時代にかけて、日本がアジアやヨーロッパと交流を深めてきたことがわかります。なかでもイチオシは「遣唐使とシルクロード」コーナーにある遣唐使船積荷模型。博多湾に停泊した遣唐使船に乗り、日中を往来したさまざまな文物を手に取って体感することができます。

また、あるテーマに基づいて期間限定で企画されるトピック展示も見逃せません。

お出かけDATA

- 〒818-0118 福岡県太宰府市石坂4-7-2
- ☎ 050-5542-8600（ハローダイヤル）
- 9:30〜17:00（入館は16:30まで）
- 休 月曜日（祝日または振替休日の場合は翌火曜日休館）、年末
- ¥ 一般420円、大学生130円、高校生以下・18歳未満および70歳以上は文化交流展示については無料
- 西鉄太宰府線太宰府駅から徒歩10分

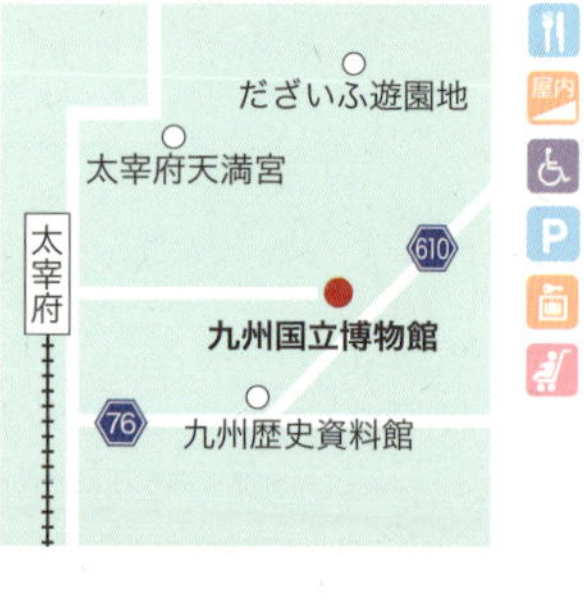

スーパーハイビジョンシアター「シアター4000」。走査線の本数が4000本あることからこの名がついた。

入場無料の体験型展示室「あじっぱ」。〝みつける。つくる。ふれる。〟と五感をフル稼働させて楽しみたい。

埴輪や石人から見ることができる国づくりの過程。装飾古墳壁画の模写も楽しめる。

ミュージアムショップで買いたいオリジナルグッズ

針聞書《はりききがき》フィギュア

1個525円（税込）

「針聞書」とは、館に所蔵されている鍼灸に関する東洋医学書のこと。病気は虫が引き起こすものと考えられていた戦国時代。その病気を不思議な形をした63匹の虫で表しています。

得 ミニ知識

「遠《とお》の朝廷《みかど》」大宰府

博物館がある太宰府市は、7世紀後半、都から離れた九州の地に中央の命令を確実に伝えると共に、防衛と外交を主な任務として設けられた役所のひとつでした。地方とはいえ、国境の防衛、防人《さきもり》の統括など重要な任務を負い、役人は律令で定められているだけで50人にもおよび、雑務に携わる者は1000人を超えたといわれています。当時、大宰府は、「遠の朝廷」と呼ばれていました。

京の都と同じように碁盤の目状に道路が整備され、南北の列を条、東西の列を坊とする条坊制が敷かれていたとの説もあり、規模の大きな地方都市であったと想像されます。

模型や体験展示から江戸時代の生活、文化を再発見

江戸東京博物館

えどとうきょうはくぶつかん

東京都墨田区

江戸東京の歴史遺産を守り、歴史と文化を振り返ることで、未来の東京を考える博物館として、1993(平成5)年3月に開館。高床式を模した個性的な建物は一度見たら忘れられません。常設展示室は、「江戸ゾーン」「東京ゾーン」のふたつで展開。迫力ある19世紀初めの日本橋や中村座などの原寸大復元模型、当時の町全体や人々の様子を見渡すことができる縮小模型など印象的な展示が並んでいます。子どもからお年寄り、外国人来館者に人気が高いのも頷けます。

常設展示室の解説「ミュージアムトーク」や江戸東京の歴史・文化に関する講演「えどはくカルチャー」など、館の研究員や学芸員が主体となった多彩な活動も好評です。

学芸員のイチオシコーナー

江戸の人々の息づかいが伝わってくる日本橋の町並み

常設展示室を入り、北側半分を実物大に復元した日本橋を渡ったところに、日本橋の北側の町を30分の1の縮尺で復元した模型「寛永の町人地」が広がっています。広い表通りに面して大店《おおだな》が建ち並び、通りを埋めつくすほどさまざまな階層の人々が往来しており、当時の町の賑わいが体感できます。

約600体の人形は、開館10周年の記念事業として、国立歴史民俗博物館所蔵「江戸図屏風」を参考に1年かけて考証を重ね、設置されたものです。お気に入りの江戸っ子を探してみませんか?

お出かけDATA

- 〒130-0015　東京都墨田区横網1-4-1
- 03-3626-9974
- 9:30〜17:30、土曜日は9:30〜19:30(いずれも入館は閉館の30分前まで)
- 休 月曜日(祝日または振替休日の場合は翌火曜日休館)、年末年始
- ¥ 一般600円、65歳以上300円、大学生480円、中学生(都外)・高校生300円、中学生(都内在学または在住)・小学生・未就学児童は常設展については無料
- JR両国駅から徒歩3分、都営大江戸線両国駅から徒歩1分

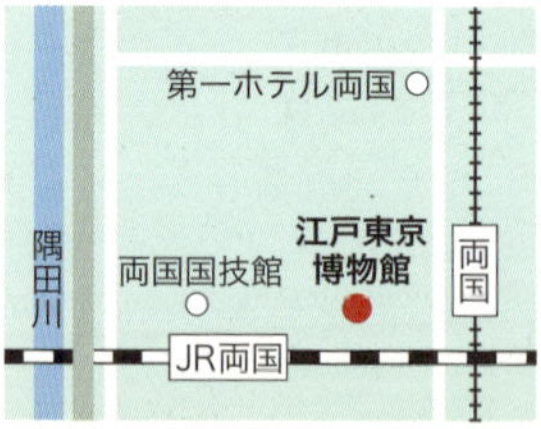

スケールの大きな「江戸博」を一望。

「文明開化東京」のコーナーでは、ガラス張りの床の下に鹿鳴館の模型が。20分おきに鹿鳴館の屋根が開いて、なかの様子が見えるという珍しい展示法。

江戸時代の人々にとって最大の楽しみだった芝居見物。幕府公認の芝居小屋、三座のひとつ中村座の正面を復元。

懐かしい昭和の暮らしにタイムスリップ。

ミュージアムショップで買いたいオリジナルグッズ

縞シリーズ　そばちょこ

1個680円(税込)

江戸っ子が好きな縞柄をプリント。粋なテーブルウェアです。縞は6種類で、サイズは口径7.8cm、高さ7.0cmです。

得　ミニ知識

江戸時代から続く日本橋

日本橋といえば、五街道の起点であり、現在でも道路網の始点となっています。初代日本橋は1603(慶長8)年に架けられましたが、以後、江戸の火災により幾度も焼失、架け替えを繰り返してきました。橋の全長は約51 m、幅約8 mあったといわれています。展示室では、北側半分の約25.5 mが復元されています。現在日本橋川に架かっているものは、1911(明治44)年4月3日に開橋した第19代日本橋。花崗岩でできており、国の重要文化財に指定されています。

季節ごとの顔が楽しみな野外博物館

江戸東京たてもの園

えどとうきょうたてものえん

東京都小金井市

現地保存が不可能な文化的価値の高い歴史的建造物を移築し、復元・保存・展示すると共に、貴重な文化遺産として次代に継承することを目的に1993(平成5)年3月に開園。都立小金井公園のなかのおよそ7haの敷地には、江戸時代から昭和初期までの復元建造物27棟が並んでいます。茅葺き民家、正面の外壁に銅板やタイルを用いた看板建築、近代の和風建築など、現役時代の佇まいそのままの建物は古さを感じさせません。

東ゾーン下町中通りの風景。

1925(大正14)年に、郊外住宅地のひとつである田園調布に建てられた大川邸。

学芸員の見どころコーナー

老若男女が楽しめるイベントも魅力

当園は東京に残されてきた価値ある建造物を移築、復元、保存、展示している野外博物館です。歴史的な建造物やモダンな住宅、昔懐かしい下町の風景などを身近に見ることができます。

園内では、「下町夕涼み」「正月遊び」「春先キモノ日和」など四季折々にさまざまなイベントも開催しており、いつ訪れてもいろいろな楽しみ方のできる博物館です。

お出かけDATA

- 〒184-0005　東京都小金井市桜町3-7-1
- 042-388-3300
- 4〜9月9:30〜17:30、10〜3月9:30〜16:30(いずれも入園は閉園の30分前まで)
- 休 月曜日(祝日または振替休日の場合はその翌日)、年末年始
- ¥ 一般400円、65歳以上200円、大学生320円、中学生(都外)・高校生200円、中学生(都内在学または在住)・小学生・未就学児は無料
- JR武蔵小金井駅・西武新宿線花小金井駅からバスで小金井公園西口下車徒歩5分

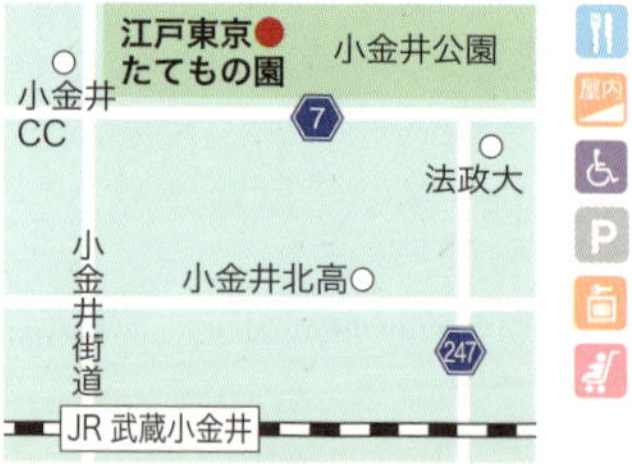

暮らしを
再発見する
博物館

こだわりの息づかいが聞こえてくる

日本民藝館

にほんみんげいかん

東京都目黒区

「民芸」（民衆的工芸）というふだんなにげなく使っている言葉。これは、素朴な日用品のなかに〝美〟を求めようとした昭和初期の芸術活動から生まれた言葉です。活動の提唱者は、日本民藝館の初代館長を務めた思想家・柳宗《むね》悦《よし》（1889〜1961年）。彼は当時親交の深かった陶芸家・バーナード・リーチ、河井寛次郎、濱田庄司らと共に、「民藝運動」を進めました。

国内外の陶磁器、染物、織物、木工品など収蔵品のほとんどが、柳により収集されたものです。

建物も柳自身が設計し、民藝運動の活動拠点とするために1936（昭和11）年に開設。館内は木のぬくもりが感じられ、靴を脱いで展示室を回るスタイルは、〝家〟にいるようなくつろぎの時間を提供してくれます。

学芸員のイチオシコーナー

建築空間と展示品が融合した展示室

1936年施工の本館の基本設計は創設者・柳宗悦によるもので、木造建築に大谷石の床張りなどを取り入れた独特な空間となっています。展示室の壁面は静岡県掛川産の葛《くず》布《ふ》（葛の繊維で織った織物）で、展示ケースは木造拭き漆仕上げの創設当初のもの。採光には障子を多用し、和紙を通した柔らかな光を採り入れています。このような館内で、自然素材による手仕事の工芸品の数々は、互いに引き立て合い、落ち着いた空間をつくり出しています。

お出かけDATA

- 〒153-0041 東京都目黒区駒場4-3-33
- 03-3467-4527
- 10：00〜17：00（入館は16：30まで）
- 休 月曜日（祝日または振替休日の場合は翌火曜日休館）、年末年始、展示替え期間
- ¥ 一般1000円、高校生・大学生500円、小学生・中学生200円
- 京王井の頭線駒場東大前駅から徒歩7分、小田急線東北沢駅から徒歩15分

全国を遍歴して修行を積んだ江戸時代の僧・木喰明満《もくじきみょうまん》（1718〜1810年）によってつくられた地蔵菩薩像。木喰仏と呼ばれている。1801（享和元）年作。

「絵唐津芦文壺」。江戸時代（17世紀）のもので、径は21.5cm。重要文化財。

「白磁辰砂虎鵲文壺」。辰砂とは朱色に発色する鉱物。この壺は朝鮮時代（18世紀）のもの。高さは28.7cm。

「紅型胴衣」（部分）。19世紀のもので、沖縄本島でつくられた。

得 ミニ知識

朝鮮の陶磁器によって目覚めた宗悦の美意識

学習院高等科在学中より白樺派などに参加し、芸術への関心が高かった柳宗悦。1914（大正3）年に結婚した妻・兼子は〝声楽の神様〟と称された近代日本を代表する声楽家でした。柳は1916（大正5）年以降、朝鮮の陶磁器に魅了され、1924（大正13）年には現在のソウルに「朝鮮民族美術館」を建設しています。無名の職人がつくる日用品の美しさに開眼した宗悦の関心は、日本の日用品にも移っていきました。それが、民藝運動となり、日本民藝館へとつながっていったのです。

建物から、暮らしを考える力を育てる

昭和のくらし博物館

しょうわのくらしはくぶつかん

東京都大田区

生活史の研究家である小泉和子氏が幼少の頃、一家6人で生活していた建物が昭和のくらし博物館です。1951(昭和26)年に建ち、1996(平成8)年までの45年間、実際に住居として使われていました。家も家財も住んでいた当時のまま。各部屋には、昭和のつつましくも無駄のない生活用品が季節にあわせて展示され、生活のにおいを放っています。

1999(平成11)年の設立以来、家事体験や昭和の暮らしを記録した映画上映会、そして古文書講座や「火鉢を囲んで建築の歴史」講座など多彩なイベントを開催しており、〝昭和の暮らしファン〟を増やしています。昭和の暮らしを通して、今につながる生活の知恵が隠された博物館として、小さいながらも大勢の人たちに親しまれています。

学芸員のイチオシコーナー

温かな家庭のにおい

一番の見どころは、博物館になっている〝家〟そのものです。丸ごと博物館になっており、どの部屋にも入れるようになっているので、2階の子ども部屋で思索にふけったり、縁側でお茶を飲んだり、庭から外観を眺めながらのんびりしたり、お好きな場所でくつろいでください。一番人気の部屋は、ちゃぶ台に食事の並ぶお茶の間です。ラジオを聴きながら当時の部屋の雰囲気を味わってください。灯りの漏れる夕刻の博物館もおすすめです。

お出かけDATA

- 〒146-0084 東京都大田区南久が原2-26-19
- 03-3750-1808
- 10：00～17：00
- 休 月曜日、年末年始
- ¥ 大人500円、高校生以下300円
- 東急池上線久が原駅から徒歩8分、東急多摩川線下丸子駅から徒歩8分

２階の一室はグラフィックデザイナーであった小泉家の次女・知代氏が製作したろうけつ染めなどを展示。

玄関脇の書斎兼応接間。シンプルな家具は家の主人がデザインしている。

この家が建った1951年には水道もガスも引かれておらず、土間にあった井戸とかまどで食事の支度をしていた。

ミュージアムショップで買いたいオリジナルグッズ

ポストカード　1枚80円(税込)～

博物館の収蔵品や部屋の様子に加え、洗濯やお裁縫など、暮らしの様子を再現した写真をポストカードにしています。

昭和26年ってどんな時代？

得 ミニ知識

昭和のくらし博物館は、1950(昭和25)年に始まった政府の住宅政策、住宅金融公庫の融資を受けて建てた、いわゆる公庫住宅です。都内では大田区、世田谷区、中野区、杉並区を中心に建てられ、昭和26年10月には都内の公庫住宅は約２万戸にものぼったといわれています。建物が完成した昭和26年は、マッカーサー国連軍最高司令官が解任され帰国、秋には民間ラジオ初の正式放送、黒澤明監督の映画『羅生門』がベネチア映画祭金獅子賞受賞、紅白歌合戦の開始など新しい風が吹き始めた時代でした。

倉敷の町を見守り、地域に溶け込む

倉敷民藝館

くらしきみんげいかん

岡山県倉敷市

1948(昭和23)年、倉敷の代表的な米蔵を改装して開館したのが倉敷民藝館です。

現在は伝統建築で有名な町並みも、これが倉敷における古民家利用の第一号でした。日常生活全体の文度を高めたいと願う活動をもとに、岡山県民藝協会が母体となり民藝館として再生したものです。

幽玄な空間に、やきものやガラス、染織品、木工品、金工品、竹細工など人々の暮らしのなかで使われる丈夫で美しい品々が並びます。

国内外の約1万5000点を収蔵し、年に3~4回の企画展を催しています。

学芸員のイチオシコーナー

「建物」自体が民芸品

倉敷民藝館は江戸時代後期の米倉を改装しています。壁は、松材で骨格を組み、丸竹とシュロ縄で小舞をつけ、そこに荒塗りから白の上塗りまで厚さ約20cmの土壁をつけています。外壁の窓まわりや腰等に貼瓦をつけて雨風による損傷を防ぎ、屋根は本葺きです。

倉庫という用のために成熟した、白壁と黒の貼瓦の対比が美しい建物となっています。倉敷民藝館は、建物そのものも民芸品です。

お出かけDATA

- 〒710-0046 岡山県倉敷市中央1-4-11
- 086-422-1637
- 3～11月9:00～17:00、12～2月9:00～16:15(いずれも入館は閉館の15分前まで)
- 休 月曜日、祝日は開館
- ¥ 大人700円、高校生・大学生400円、小学生・中学生300円
- JR倉敷駅から徒歩14分

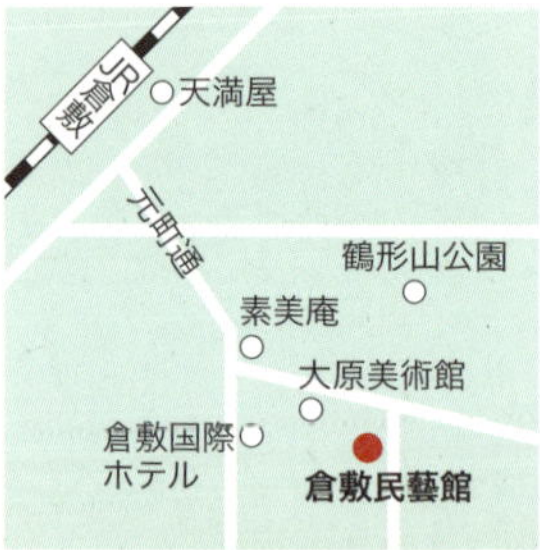

1号館の常設展示室。

さまざまな素材でつくられたかごが並ぶ「かごの部屋」。

朝鮮王朝時代の器も味わい深い美しさをたたえている。

ミュージアムショップで買いたいオリジナルグッズ

ぽち袋 5枚組 500円(税込)

その歴史は奈良時代にまでさかのぼるといわれる手すきの「備中和紙」。いったんは消滅しましたが、現在は倉敷でわずかにつくられています。この備中和紙のぽち袋は素朴な味わいが魅力。

得 ミニ知識

民藝を愛した大原孫三郎と總一郎

倉敷の美観地区に倉敷民藝館と共に立つ大原美術館の創設者・大原孫三郎は、昭和20年代、民藝運動の中心となって活動していた柳宗悦と知り合い、東京の日本民藝館の設立に尽力しました。そして、その息子・總一郎は大原美術館の民芸品コレクションを充実させると共に、岡山県民藝協会の初代会長を務めました。

倉敷民藝館は地方にこそ民藝を根づかせたいという大原總一郎の思いが結実したもので、民藝館としては日本で2番目の開館となりました。

江戸時代へタイムスリップ

大阪くらしの今昔館

おおさかくらしのこんじゃくかん

大阪府大阪市

黒漆塗りの看板には「ウルユス」とある。江戸時代には万能薬として広まっていた薬で、「体内の毒を空にする」という「空ス」を分解してカタカナにしたもの。

天神橋筋にあるビルの9階を訪れると、そこには江戸時代の浪花の町が広がっています。小間物屋に呉服屋、風呂屋、長屋もあって庶民の生活を垣間見ることができます。一日の時間の流れを音と光で演出しており、どこからか通りの雑踏の音も聞こえてきます。8階に下りると、一転そこは近代の大阪。明治から昭和まで時代をおって川口居留地やバス住宅など6つの町・住まい・暮らしを模型と映像で展示しています。

日本で初めて住まいの歴史と文化を専門に扱うミュージアムとして誕生した大阪くらしの今昔館は、楽しさ満載です。

学芸員のイチオシコーナー

江戸時代の建築技術の高さを知る

近世の展示室に建つ町家は、継手・仕口や小舞下地など伝統的な工法を用いて、文化財修理などを手がけている数奇屋大工の手により建てられたもの。建具の開閉などの実演では、伝統的技術の高さに直に触れることができます。なかでも唐高麗物屋の大戸の、木造建築のレベルの高さとその工夫の素晴らしさは出色です。

お出かけDATA

- 〒530-0041 大阪府大阪市北区天神橋6-4-20 大阪市立住まいのミュージアム
- 06-6242-1170
- 10：00～17：00（入館は16：30まで）
- 休 火曜日、祝日の翌日、第3月曜日（祝日および振替休日の場合は開館してその週の水曜日）、年末年始
- ¥ 一般600円、高校生・大学生300円、中学生以下と市内在住の65歳以上は常設展については無料
- 地下鉄谷町線・堺筋線天神橋筋六丁目駅直結

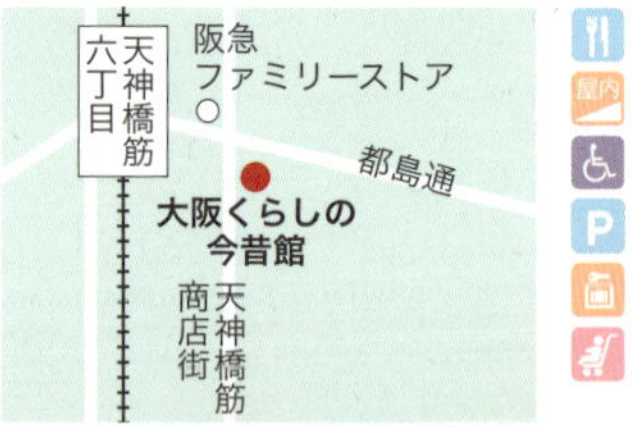

いつでも気軽に立ち寄れる

たばこと塩の博物館

たばことしおのはくぶつかん

東京都渋谷区

1985（昭和60）年まで「日本専売公社」が扱っていたたばこと塩について紹介する博物館。現在は、JT（日本たばこ産業）が運営しています。東京渋谷の公園通り沿いにあり、中2階・2階では新大陸での喫煙の発生から日本での歴史などを、世界の多様な喫煙具、日本のきせる、パッケージ、マッチなどの資料を通して紹介しています。

3階の塩のコーナーでは、古代からどのようにして塩をつくってきたか、その方法を模型や映像等で紹介。エチオピアやアメリカ、ニジェールなどの各地の塩、そしてポーランド産の1・2tの岩塩はここならではの展示といえます。

2階で展示しているのは「日本のたばこ」。

学芸員のイチオシコーナー

常設展といっしょに楽しめる特別展示室

特別展示室は、年間を通して7回程度の特別展や企画展を開催しています。入館すれば、常設展とあわせて、特別展・企画展も観覧できるシステムで、当館の人気コーナーです。

展示のテーマはバラエティーに富んでおり、浮世絵版画や喫煙具などの美術工芸的なもの、歴史や民俗学的なものなどに加え、夏休みには小・中学生を対象に塩をテーマにした学習室を開催しています。

お出かけDATA

- 〒150-0041 東京都渋谷区神南1-16-8
- 03-3476-2041
- 10：30～18：00（入館は17:30まで）
- 休 月曜日（祝日または振替休日の場合は翌日に休館）、年末年始
- ¥ 大人・大学生100円、小学生・中学生・高校生50円　※展覧会によっては特別料金の場合あり。70歳以上は無料
- JR渋谷駅から徒歩10分、地下鉄半蔵門線渋谷駅から徒歩10分

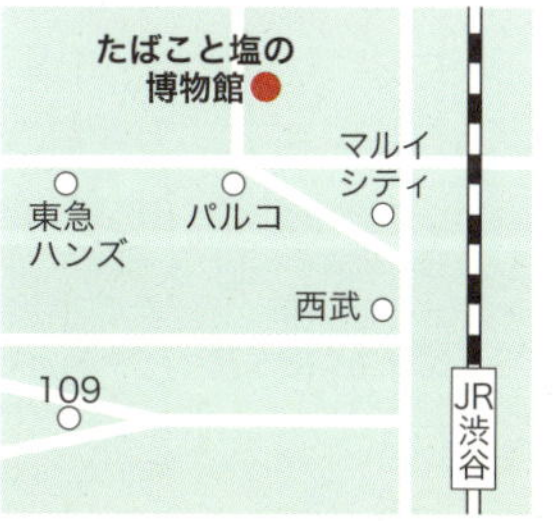

海の香りが展示室まで届きそう

海の博物館

うみのはくぶつかん

三重県鳥羽市

「海民の伝統」「志摩の海女《あま》」「木造船と航海」「海の汚染」などをテーマにすえ、海の暮らしのなかで営まれてきた信仰や祭り、志摩・熊野伝統の漁法や海女の仕事などを展示・紹介しています。資料は実に5万8000点におよび、約2000点の実物資料や模型などによる、臨場感あふれる展示に特徴があります。

館外の磯や干潟のフィールドを利用した「磯の生きもの観察会」「海苔すき体験」などのプログラムは子どもだけでなく大人にも人気。

舟底を逆さにしたような木造の建物は、日本文化デザイン賞、日本建築学会賞などさまざまな賞を受賞しています。

海女の展示に関しては日本随一。2000年も前から、志摩では海女が活躍していたといわれている。

学芸員のイチオシコーナー

見る人を海女にしてしまう『50秒の勝負』

「志摩の海女」のコーナーで流している『50秒の勝負』は、撮影当時66歳のベテラン海女が15kgの重りにつかまって水深13mの海底に一気に潜り、海藻の繁茂する岩場でアワビを探して採り、息ぎりぎりで浮上する姿を解説なしで紹介した映像展示です。

見ている人は海中の海女の姿を目で追いながら、思わずアワビを探している自分や、息を止めている自分に気づきます。海女漁の実像を紹介するこの展示は多くの人に感動を与えています。

お出かけDATA

- 〒517-0025 三重県鳥羽市浦村町大吉1731-68
- 0599-32-6006
- 3月21日～11月30日9：00～17：00、12月1日～3月20日9：00～16：30（いずれも入館は閉館の30分前まで）
- 休 6月26日～6月30日、12月26日～12月30日
- ¥ 18歳以上800円、小学生・中学生・高校生400円
- JR近鉄鳥羽線鳥羽駅からかもめバスで海の博物館東下車徒歩10分（土・日曜日、祝日は海の博物館下車すぐ）

約80隻の木造船が
並ぶ船の棟。

江戸時代初期から昭和初期まで300年間も続いた伝統的なカツオ漁を再現。

博物館の職員がつくったジオラマが随所で使われている。

ミュージアムショップで買いたいオリジナルグッズ

うなぎのぬいぐるみ
1個680円（税込）

長さ約50cmの愛敬のあるうなぎは子どもたちに大人気です。

得 ミニ知識

「ところてん」は昔は高貴な食べ物だった？

博物館に併設されている喫茶「あらみ」では、ところてんが大人気です。ところてんの原料はテングサやオゴノリなどの海藻類。これらをゆでて煮出し、漉《こ》した後冷まし固めて「天突き」と呼ばれる器具で糸状に押し出したものがところてんです。

ところてんの日本での歴史は古く、仏教伝来と時を同じくして中国からその製法が伝えられたといわれています。そして、701年に制定された「大宝律令・賦役令《ぶやくりょう》」には貢納品のひとつとして心太《こころぶと》という名で登場しています。

日本家屋の美しさを再認識

北方文化博物館

ほっぽうぶんかはくぶつかん

新潟県新潟市

新潟市阿賀野川西岸に建てられた、越後随一の大地主・伊藤家の邸宅を博物館として保存・展示しています。本邸だけでも敷地８８００坪、部屋数実に65というスケールの大きさ。大広間に面した雨戸26枚がすべて戸袋に納まってしまうという見事な構造。明治の中頃には使用人60人を抱えていた豪農の住まいや暮らしを当時のまま残しているのが北方文化博物館の魅力です。

敷地内にはこのほかに、実際に使われていた味噌蔵や米蔵などを利用し、食事処や売店、ギャラリーなども併設されています。

学芸員のイチオシコーナー

美しい日本の家と庭を堪能

越後の大地主と呼ばれた伊藤家の邸宅を保存、公開する当館の見どころは、まさにその伊藤邸と大庭です。

建物は１８８２（明治15）年から8年がかりで建てられた木造純日本風の大邸宅。敷地８８００坪、建坪は１２００坪にもおよびます。さらに今日までほとんど手を加えておらず、大きくずっしりとした梁や、大正時代に入れられたガラスの雨戸は今も当時のままです。また、１００畳敷きの大広間から望む大庭は京都・銀閣寺の石組発掘と復元で知られる庭師・田中泰《たい》阿《あ》弥《み》が5年がかりで作庭した回遊式庭園です。県内外の名石を配し、また田中泰阿弥の設計による茶室も点在しています。

お出かけDATA

- 〒950-0205 新潟県新潟市江南区沢海2-15-25
- ☎ 025-385-2001
- 4～11月9:00～17:00、12～3月9:00～16:30
- 休 年中無休
- ¥ 大人800円、小学生・中学生400円 ※小学生・中学生は日曜日・祝日は無料
- JR新津駅から車で10分

3間続きの茶の間の南側の廊下。会津の三島町から筏で運ばれた長さ30mの一本杉の丸桁は見どころのひとつ。

6尺(1.8m)四方の囲炉裏には、一度に16人が座ることができる。

もともとは飯米蔵で2000俵の米俵が積まれていたという。現在は「集古館」として所蔵品の展示をしている。

ミュージアムショップで買いたいオリジナルグッズ

日本酒(大吟醸)
「大代」白龍酒造
720ml　2,630円(税込)
300ml　1,000円(税込)

敷地内にある地酒館で販売されている伊藤家所有の山水をもとに考案された新潟の地酒。まろやかなのどごしが人気。

得 ミニ知識

名園を生み出した田中泰阿弥

北方文化博物館のなかでも、回遊式庭園は見逃せません。その庭園を手がけた、庭師・田中泰阿弥(1898～1978年)は新潟県柏崎市に生まれ、13歳で造園技術の見習いを始めてから80歳で亡くなるまで、数多くの庭園に関わってきました。銀閣寺「洗月泉」「相君泉」の石組の発掘修復や、新潟県にある「旧新発田藩下屋敷庭園　清水園」など、手がけた庭は全国各地で名庭としてその名を馳せています。現在の回遊式庭園は伊藤家7代目の文吉に依頼されたもので、つくり始めたのは1953(昭和28)年のことです。

製紙からリサイクルまで紙の一生がわかる

紙の博物館

かみのはくぶつかん

東京都北区

旧王子製紙株式会社の収蔵資料をベースに、国内における洋紙発祥の地である東京都北区王子に1950(昭和25)年に開館。現在まで、紙に関する古今東西の資料約4万点を収蔵し、保存・展示しています。

展示では、現代の製紙技術の紹介や和紙と洋紙の歴史など、あらゆる角度から紙についての知識を深めることができます。また、環境・リサイクル活動なども幅広く紹介しています。

毎週土・日曜日に開催される「紙すき教室」のほか、紙を素材とした各種紙工芸品の手づくり講習会など、オリジナル作品をつくる楽しさも味わうことができます。

学芸員の見どころコーナー

子どもからお年寄りまで、手づくりハガキワークショップ

世界有数の紙専門のユニークな紙の博物館でおすすめなのは、毎週土・日曜日に開催されている「紙すき教室」です(行事で中止の場合あり)。牛乳パックの再生原料からハガキをつくります。透かし模様やモミジを入れて、自分だけのオリジナルハガキが手軽にできあがります。楽しみながら紙づくりの工程やリサイクルの仕組みがわかり、子どもからお年寄りまで、大人気のワークショップです。

お出かけDATA

〒114-0002
東京都北区王子1-1-3　飛鳥山公園内

03-3916-2320

10:00～17:00(入館は16:30まで)

休 月曜日(祝日または振替休日の場合は開館)、祝日の翌日、年末年始

¥ 大人300円、小学生・中学生・高校生100円

JR王子駅から徒歩5分、地下鉄南北線西ヶ原駅から徒歩7分、都電荒川線飛鳥山駅から徒歩3分

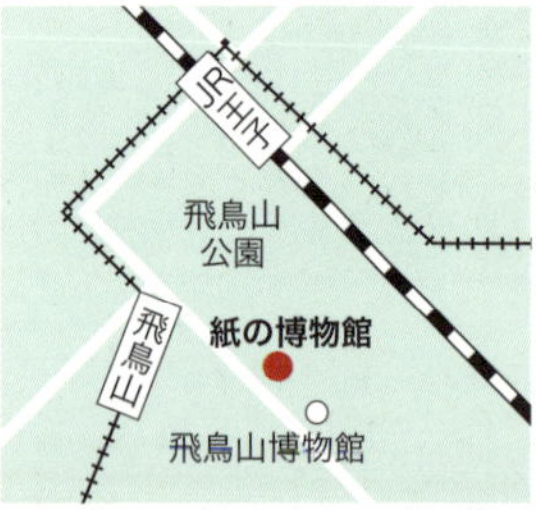

現存する世界最古の印刷物といわれる陀羅尼を納めた「百万塔」。称徳天皇が藤原仲麻呂の乱で亡くなった兵を弔い、鎮護国家を祈念して、764(天平宝字8)年から6年をかけて陀羅尼を100万巻印刷し、小さな塔に納めたもの。

第2展示室から第1展示室を見ると、ポケット・グラインダーや段ボール製造機などが見える。

フランスのルイ・ロベールが1798年に発明した世界初の連続抄紙機の2分の1の模型。抄紙機とは紙をすく機械のこと。

ミュージアムショップで買いたいオリジナルグッズ

金《きん》唐《から》革《かわ》紙《かみ》のしおり

1,050円(税込)

「金唐革紙」とは江戸時代にオランダを通じて日本に輸入された「金唐革」を和紙で模造したもの。明治時代に壁紙用につくられたものがヨーロッパで高く評価され、盛んに輸出されました。

得 ミニ知識

紙の使用量がトップクラスの日本人

日本人1人当たりの紙・板紙(段ボールなど)の年間消費量は、2007(平成19)年のデータでは約250kgです。これは世界でもトップクラス。世界平均は約59kgですから、日本人はほかの国の人々の4倍以上も紙を使っていることになります。ちなみに、最もたくさん使っているのはルクセンブルクで約504kg、ついでベルギーの約370kgとなっています。

貨幣から見えてくる社会の動き

日本銀行金融研究所貨幣博物館

にっぽんぎんこうきんゆうけんきゅうじょかへいはくぶつかん

東京都中央区

1982(昭和57)年、日本銀行は創立100周年を記念して金融研究所内に貨幣博物館を設置しました。開館は1985(昭和60)年11月です。

貨幣専門の博物館として日本、海外の貨幣に関する約4000点の資料を展示。貨幣の誕生に始まり、「和《わ》同開珎《どうかいちん》」、日本初の紙幣「山田羽書《やまだはがき》」、そして1550年代以降の大判、小判の展示などからは、貨幣の歴史だけでなく貨幣のもつ機能・役割、貨幣と社会の関わりについても理解を深めることができます。

錦絵や文書などの資料も豊富で、東洋貨幣に関しては世界的にも充実した貨幣コレクションといわれています。

学芸員のイチオシコーナー

あっと驚く貨幣に遭遇する「さまざまな貨幣」コーナー

館の中央に、貨幣とはとても思えない円形の石があります。これは西太平洋のヤップ島で使われていた「フェイ」(石貨)。長径87㎝、重さ約100kgもある巨大なものです。一方で、拡大鏡がなければ見えないような貨幣が、ガラスケースのなかで肩を寄せ合うように並んでいます。これは「ファナム金貨」(インド)。ずらりと並ぶさまざまな国のさまざまな材質の貨幣を見ていると、お金の変遷は私たちの暮らしの変遷そのものであることがわかります。

お出かけDATA

- 〒103-0021 東京都中央区日本橋本石町1-3-1
- 03-3277-3037
- 9:30～16:30(入館は16:00まで)
- 休 月曜日・祝日(土・日曜日と重なる場合は開館)、年末年始
- ¥ 無料
- 地下鉄銀座線三越前駅から徒歩3分、地下鉄半蔵門線三越前駅から徒歩1分、JR東京駅から徒歩10分

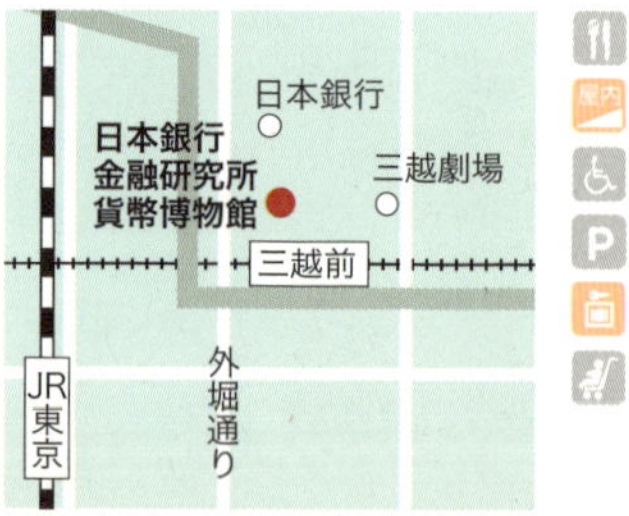

長径約17cm、短径約10cm、純金量115～120ｇの金貨。天正年間に豊臣秀吉がつくったものといわれている。

和同開珎、大判、小判をはじめ古代から現在までのさまざまな貨幣を展示。

1881（明治14）年に発行された、日本初の肖像入り紙幣。正式名称は「改造紙幣」。

ミュージアムショップで買いたいオリジナルグッズ

ボールペン（左）
シャープペンシル（右）
1本420円（税込）

本物のお札の裁断片が透明軸のなかに入っています。見学記念のロゴ入りです。

※この商品の問い合わせ先は、ときわ総合サービス株式会社(03-3270-5712)。

得 ミニ知識

5円玉や50円玉にはなぜ穴があいている？

5円や50円硬貨には、ほかの額面の貨幣と識別しやすいように穴があけられています。明治以降で初めて穴あき貨幣が登場したのは、5銭白銅貨が発行された1917（大正6）年。この時は誤用を避けるだけではなく、偽造防止、素材金属の節約などの意味がありました。

しかし、その後は、材料の価格以上に穴をあけるコストがかかるようになり、節約の意味はなくなりました。

身近なお札に隠された秘密に迫る

お札と切手の博物館

おさつときってのはくぶつかん

東京都新宿区

国立印刷局創設から130年以上の歴史のなかで誕生した、お札や郵便切手の印刷技術や歴史などを紹介。明治期以前のお札、諸外国のお札や切手、印刷機器、お札の製造と関連の深い銅版画など貴重な資料が並びます。

なかでも、1850(嘉永3)年に長崎のオランダ商館長から徳川家慶へ贈呈され洋書の印刷に使用されたとされる平圧式、総鉄製の「スタンホープ印刷機」(重要文化財)は、1875(明治8)年に印刷局へ伝来した貴重な資料です。

日本が誇る偽造防止技術やすかし技術もぜひ見ておきたい展示です。

学芸員のイチオシコーナー

偽造防止のための伝統技術と最新技術

美しく重厚感のあるデザイン、そしてその1枚につめ込まれた10種類もの偽造防止技術！

常設展示では、すかし入りの用紙づくりや原版の彫刻技術など、お札づくり130年の伝統技術を紹介しています。また、体験コーナーでは、下の写真のように実体顕微鏡で肉眼では見えない極小文字を探すコーナー、お札に紫外線をあてて見たりするコーナーなど、最新の偽造防止技術が体感できます。ふだん、なにげなく使っているお札が、高度な製造技術に支えられていることを理解できます。

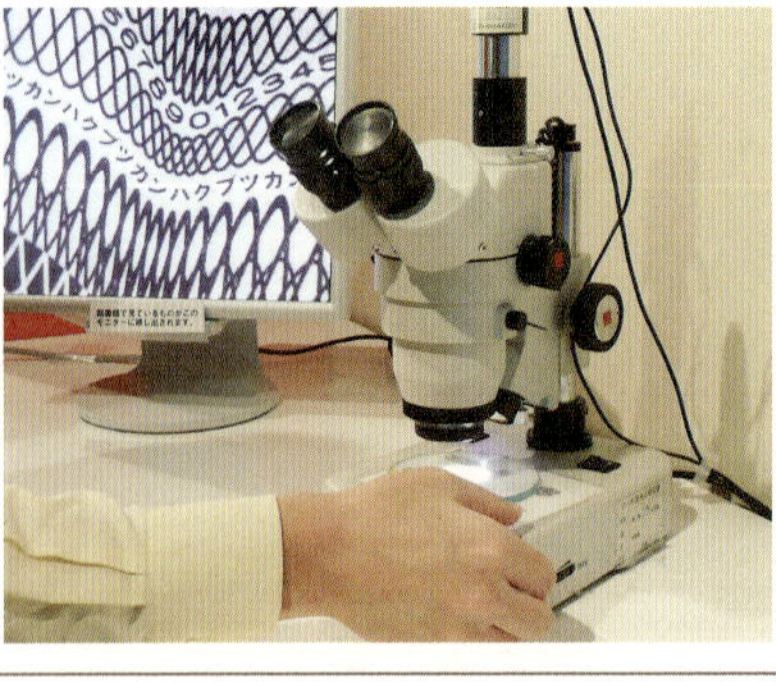

お出かけDATA

- 〒162-0845 東京都新宿区市谷本村町9-5
- ☎ 03-3268-3271
- 9:30～16:30
- 休 月曜日(祝日または振替休日の場合は翌日休館)、年末年始
- ¥ 無料 ※年2回の特別展、体験イベントなどもすべて無料
- JR市ヶ谷駅から徒歩15分、地下鉄有楽町線・南北線市ヶ谷駅から徒歩10分、都営新宿線曙橋駅・大江戸線牛込柳町駅から徒歩10分

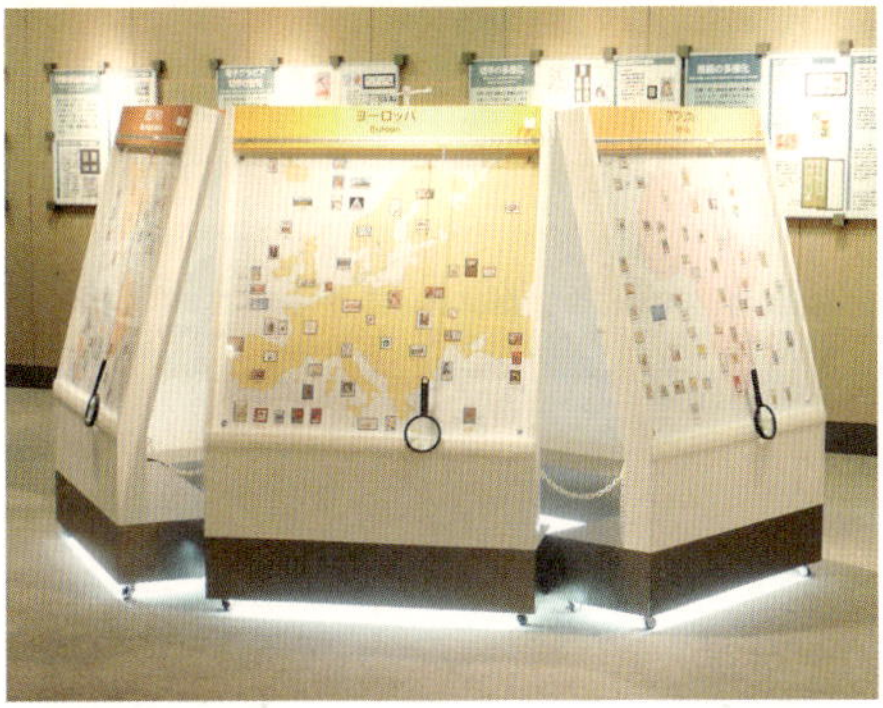

世界地図の上に示した切手はそれぞれに国柄を表している。

一番人気のコーナーがこの「一億円 もてますか?」。約10kgの重さがある。

「スタンホープ印刷機」。重要文化財に指定されている。

身長と体重をお札で測るコーナー。

ミュージアムショップで買いたいオリジナルグッズ

左：招福キャッシュストラップ
840円(税込)

右：打出の小槌ストラップ
420円(税込)

紙幣の断裁くず入りのストラップ。

得 ミニ知識

切手の世界ではイギリスだけが例外

世界で初めて切手が発行されたのはイギリスで、1840年のことです。当時の郵便料金は大変高く、届け先によって料金がまちまちだったため、ローランド・ヒルという人が、先にお金を払って、その証拠として手紙に切手を貼る方法を考え出したのです。こうして誕生した切手には、ローマ字で国名を書くことが決められています。

ただし、イギリスだけは例外で、エリザベス女王のシルエットが印刷されているだけでよいとされています。

貯金箱を通して世界各国の文化に触れる

尼崎信用金庫 世界の貯金箱博物館

あまがさきしんようきんこせかいのちょきんばこはくぶつかん

兵庫県尼崎市

誰もが子どもの頃に一度は手にした、動物や漫画のキャラクターを模した貯金箱。お金を箱に入れて大切に貯めることは日本独特の文化かと思いきや、これは日本をはじめ世界各国に紀元前から伝わる習慣だったようです。

兵庫県に1921(大正10)年に創業した尼崎信用金庫の世界の貯金箱博物館には、世界62カ国、約1万3000点以上の貯金箱が収蔵されています。ドイツのジョッキ型貯金箱、アメリカのからくり式の貯金箱、お金を入れると日付が変わる貯金箱、現代のローゼンタールの貯金箱など、大人も楽しめる貯金箱がそろっています。

博物館のイチオシコーナー

必見！ウイリアムテル貯金箱

19世紀アメリカで製作された鉄製ばね仕掛けのからくり貯金箱(メカニカルトイバンク)は必見です。

イチオシは「ウイリアムテル貯金箱」。硬貨を鉄砲に載せ、右足を押すと硬貨が飛び、子どもの頭上のリンゴを撃ち落とし、硬貨はお城のなかへ。仕組まれたベルがチリンチリンと鳴ります。

お出かけDATA

- 〒660-0863 兵庫県尼崎市西本町北通3-93
- ☎ 06-6413-1163
- 10:00〜16:00
- 休 月曜日・祝休日(土・日曜日と重なる場合は開館)、年末年始
- ¥ 無料
- 阪神電車尼崎駅から徒歩5分

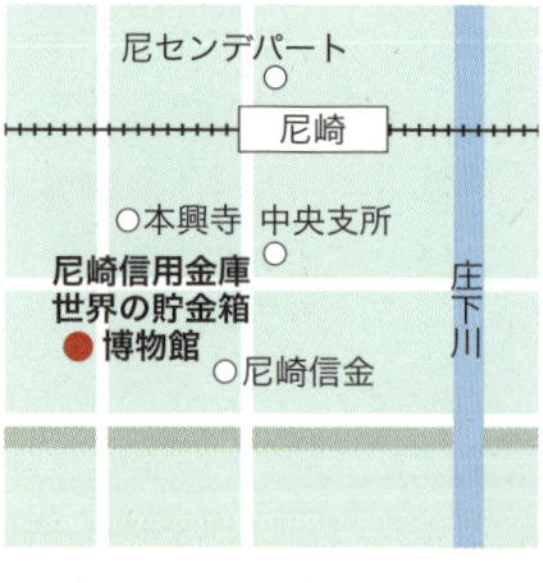

ドイツのローゼンタールの「揺り木馬」。1970年製。デザイン、技術共に洗練された現代の貯金箱。

明治の初めにつくられた「宝珠貯金箱」。あらゆる願いを叶える珠(如意宝珠)を表しており、大きな目的のために小銭を少しずつ貯める器としてつくられた。

「七福神乗り宝船」は昭和初期の陶器製。七福神と宝船が福を授けてくれるという縁起物の貯金箱。高さ11cm、幅12cmで、置物としても飾られていた。

大砲の口にコインを置いてレバーを押すと、そばにいる兵士が振り上げていた手を下ろし、同時にコインが城壁に撃ち込まれる仕組み。19世紀のアメリカの「砲兵貯金箱」。

得 ミニ知識

貯金箱のルーツとは？

ヨーロッパでの貯金箱のルーツは、貴金属の小片を入れてもらうために教会に置かれた「献金箱」であるといわれています。これは貨幣が登場する前から使われており、古代エジプトの遺跡などで発掘されています。その後紀元前700年頃に貨幣が生まれ、アテネやオリンピア遺跡から紀元前300年頃の寺院の形をした貯金箱が発見されました。

中国でのルーツは、2100年前の前漢時代のもので雲南省から出土している「貯貝器《ちょばいき》」と考えられています。当時、貨幣として流通していた子安貝を貯めるためにつくられた貯貝器は円筒型の青銅製で、交易や祭祀の場面など複雑な装飾が施してあります。

ガスはどこからやって来る？

がすてなーに ガスの科学館

がすてなーに がすのかがくかん

東京都江東区

現代の暮らしを支える身近なエネルギーである都市ガスの役割や特徴を紹介するために、２００６（平成18）年6月に開館。展示室は「発見する」「理解する」「体験する」「学習する」「実感する」「触れ合う」「楽しむ」の7つのゾーンで構成。館のキャラクターである、ガスと炎をイメージした青色の「プカ」、ガスが生み出す温かさをイメージしたオレンジ色の「ポカ」、ガスから生まれる電気をイメージした黄色の「ピカ」の3人が楽しくガスの特徴を紹介してくれます。また、1階の「エナジースタジオ」では、都市ガスをより身近なエネルギーとして実感できるサイエンスショーを毎日開催。親子での参加も多く、工夫を凝らした内容が人気です。

バーチャルで料理をする「大きな鍋」。出来栄えに一喜一憂。

「探検!! ワンダータウン」コーナー。のぞいたり、聞いたりすることでガスが生活のどんな場所で使われているかを知ることができる。

お出かけDATA

- 〒135-0061 東京都江東区豊洲6-1-1
- 03-3534-1111
- 9:30～17:00（入館は16:30まで）
- 休 月曜日（祝日の場合は翌日）、年末年始、設備点検日
- ¥ 無料
- 新交通ゆりかもめ・地下鉄有楽町線豊洲駅から徒歩6分

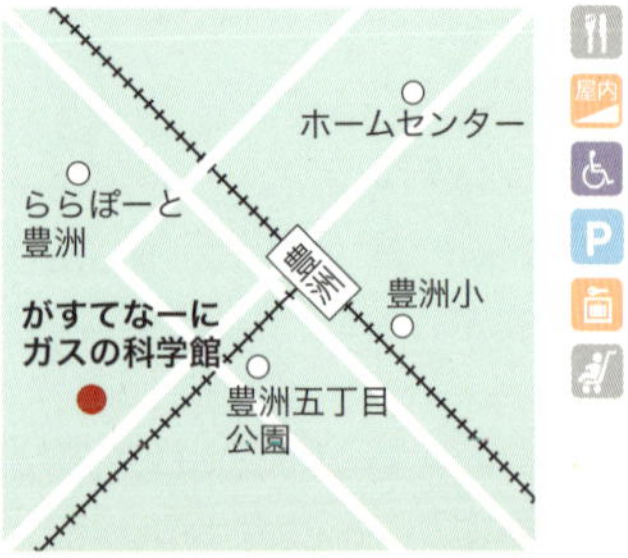

コミュニケーターのイチオシコーナー

大人にも人気の「プカのひみつ」と「クイズホール」

1階にある「プカのひみつ」コーナーでは、家からガスのふるさとまでを探検し、都市ガスが家庭に届くまでや天然ガスの特徴、環境問題について理解を深めます。化石燃料が地球の恵みであることを実感し、これからのエネルギーについて考えを深めることができるでしょう。

見学コースの最後にある「クイズホール」ではガスの不思議さ、エネルギーや環境問題などのクイズにチャレンジ！ 子どもだけでなく、大人も納得。帰る時にはガスの「？」《はてな》が「！」《なるほど》になっています。

ミュージアムショップで買いたいオリジナルグッズ

ストラップ（オレンジ・白）　各500円（税込）
シール　100円（税込）
タオル　300円（税込）

館のキャラクター、プカ、ポカ、ピカは子どもたちだけでなく若いお母さんにも人気。

得 ミニ知識

天然ガスが都市ガスに変身

日本は、天然ガスの消費量に対し、生産量は4％足らずであるため、約96％を輸入に頼っています。島国である日本へ気体であるガスを輸入するためには、LNGと呼ばれる液化天然ガスという姿に変えて、特別な船で運んできます。日本は世界最大のLNG輸入国で、インドネシア、マレーシア、オーストラリアなど多くの国から輸入しています。輸入後再び気体に戻された天然ガスは、一定の熱量に調整され、ガス漏れなどの安全対策のために特殊な薬品でにおいをつけています。このにおいがついたものが都市ガスと呼ばれ、各家庭に送られます。

江戸から東京、暮らしを支える水の道

東京都水道歴史館

とうきょうとすいどうれきしかん

東京都文京区

江戸・東京の発展の歴史は、多くの人々が生きていくだけの水をいかに確保するかという水道の成長の歴史であるともいえます。

江戸の街づくりの第一歩として、徳川家康が江戸入府（1590年）と同時に行ったとされる上水施設の建設。以来400余年の水道の歴史を紹介する館として、東京都水道歴史館は誕生しました。

ここでは、貴重な水を得るために知恵と工夫を積み重ね、やがて世界有数の規模・内容を誇る水道へとつなげてきた先人の思いが手に取るようにわかります。

音声ガイドの貸出し（無料）があるので、資料を丁寧に見て歩くことができます。

学芸員の見どころコーナー

水道400年の歴史と江戸の暮らしを知る

1階では近代水道の誕生から現在まで、2階では江戸上水の歴史を紹介しています。

この2階では、発掘された木樋（当時の水道管）や上水井戸などの実物を見ることができます。また、江戸の長屋を再現しており、当時の暮らしの様子をうかがい知ることもできます。

さらに、隣接した本郷給水所公苑には神田川分水路の工事中に発見され、その一部を移築・復元した神田上水石樋もあります。

お出かけDATA

〒113-0033　東京都文京区本郷2-7-1
03-5802-9040
9:30～17:00（入館は16:30まで）
休 毎月第4月曜日（祝日または振替休日の場合は翌火曜日休館）、年末年始
¥ 無料
JR御茶ノ水駅・地下鉄丸ノ内線御茶ノ水駅・千代田線新御茶ノ水駅・都営三田線水道橋駅から徒歩8分

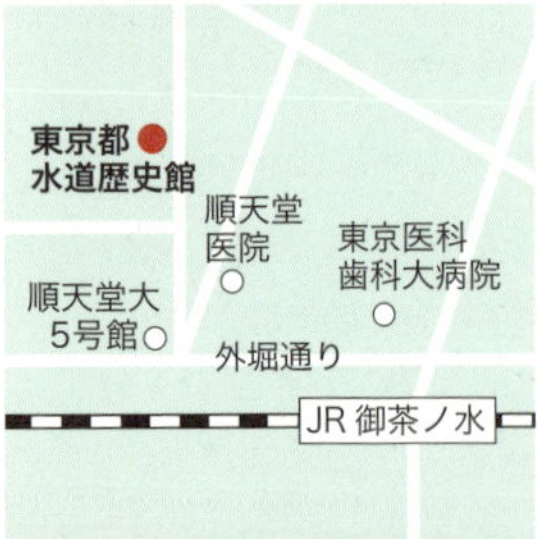

エントランスを入ると明治以降の水道の歴史が展示されている。階段を上がると江戸時代の様子が再現されている。

ロンドンから東京に寄贈された馬水槽《ばすいそう》(レプリカ)。丸の内の街角で、馬だけでなく人や犬、猫用の水飲み場として使われていた。

クイズ形式で水道について学ぶ情報コーナー。

得 ミニ知識

近代水道創設のきっかけとなったコレラの流行

江戸時代、100万人を抱える大都市・江戸は、水番人などにより管理された神田・玉川のふたつの河川水がそのまま、地下に埋設された石樋や木樋によって市内の上水井戸に配水されていました。

ところが、明治時代になると維新の混乱もあり徐々に水質汚染が進み、近代的な水道施設が必要になっていきました。これに拍車をかけたのが1886(明治19)年のコレラの大流行です。これがきっかけとなり、東京の水道施設は近代的なものへと発展していきました。

さまざまな地域・時代のファッションを体感

文化学園服飾博物館

ぶんかがくえんふくしょくはくぶつかん

東京都渋谷区

世界の服飾界に多大な影響を与えたコシノヒロコ、コシノジュンコ、高田賢三、山本耀司ら多数のファッションデザイナーを輩出した文化服装学院。

この母体である文化学園では創設当初から教育・研究のために資料収集が行われ、それらの資料を公開するために1979（昭和54）年博物館を開館。2003（平成15）年には学園創立80周年を記念して新博物館が完成しました。

日本の近代の宮廷服や能装束、武家服飾をはじめ、18～20世紀にかけての各時代のヨーロッパのドレス、世界各地の民族衣装や染織品など、服飾全般にわたる資料を幅広く所蔵しています。年に4回開催される企画展で、これらの資料を公開しています。

衣装をひとつのきっかけに、世界中の国と時代を旅する気分を味わってみるのも楽しいものです。

お出かけDATA

- 〒151-8529　東京都渋谷区代々木3-22-7 新宿文化クイントビル1階
- 03-3299-2387
- 10:00～16:30（入館は16:00まで）
- 休　日曜日、祝日、年末年始、展示替え期間
- ¥　一般500円、高校生・専門学校生・大学生300円、小学生・中学生200円
- JR・京王線・小田急線新宿駅から徒歩7分、都営新宿線・大江戸線新宿駅から徒歩4分

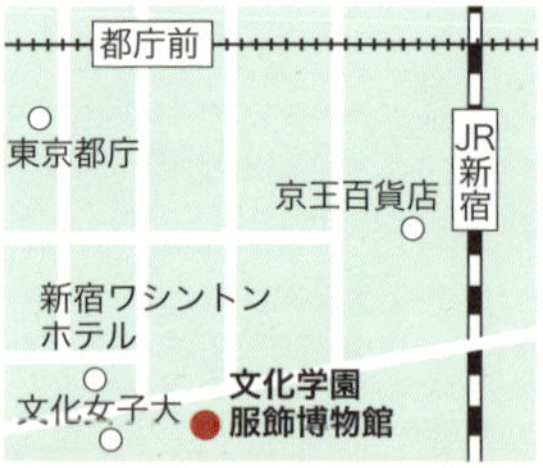

豊富な収蔵品から、日本をはじめ世界各地の衣文化をテーマにそって展示する企画展は、その質の高さとわかりやすさから服飾専門家だけでなく、一般の観覧者をも魅了している。

ミュージアムショップで買いたいオリジナルグッズ

『ヨーロピアン・ファッション』
（文化学園服飾博物館編集）
400円（税込）

2007年刊　B判変形　210mm×880mm
（折りたたみ時　210mm×110mm）

1715年〜1970年代までのヨーロピアン・ファッションの流行を、館の実物資料と解説、年表、主なデザイナーと共に紹介したもの。

得 ミニ知識

第一次世界大戦を契機に女性はコルセットから解放

女性のウエストを締めるコルセットは、きつく締めつけるものや、柔らかなものなど時代によってさまざまなものが流行しますが、18世紀にはスタイルを保つため貴族の間で広く用いられました。フランスでは19世紀前半にコルセット工場ができ、その製作技術は大きく進歩。19世紀末にはS字型シルエットの流行により、コルセットは女性の曲線的な美しさをつくり出すのに欠かせないものとなりました。しかし、第一次世界大戦による物資不足と女性の社会進出などを契機に、女性はコルセットから解放されました。

町火消から蒸気ポンプまで

消防博物館

しょうぼうはくぶつかん

東京都新宿区

江戸時代から現代までの消防の歩みを一堂に紹介する博物館として、子どもから大人にまで大人気です。エントランスでは1982（昭和57）年まで現役で活躍していた消防ヘリコプターや、1899（明治32）年に国産第一号としてつくられた馬が引く蒸気ポンプなどが出迎えてくれます。また、地下階には、大正から平成にかけて活躍した消防ポンプ車、梯子自動車、救急車など時代の顔を感じさせてくれる名車が並んでいます。「江戸の火消」ゾーンでは、模型や映像、錦絵などの資料を用いて当時の町火消たちの活躍ぶりや火消の方法などを展示。子どもたちには、防火服を着て消防隊員に大変身できるコーナーも待っています。

学芸員のイチオシコーナー

大正から平成の消防自動車が勢ぞろい

地下1階展示室「消防自動車の変遷」には、大正から平成にかけて活躍した消防自動車がずらりと展示してあります。写真はそのなかの「アーレンス・フォックス消防ポンプ自動車」(上)と「ベンツ・メッツ梯子自動車」(下)です。特殊な消防自動車などの変遷も、時代をおって解説してあり、消防自動車が大好きという人には大変喜んでもらえる展示です。「消防自動車等乗車撮影会」では、ふだんは乗れない消防自動車等に乗ることができ、デジタルカメラで撮影した写真をポストカードにしてプレゼントします。撮影会の開催日は、消防博物館のホームページ等で紹介しています。

お出かけDATA

- 〒160-0004 東京都新宿区四谷3-10
- 03-3353-9119
- 9:30〜17:00
- 休 月曜日（祝日または振替休日の場合は翌火曜日休館）、年末年始、館内整備日
- ¥ 無料
- 地下鉄丸ノ内線四谷三丁目駅直結、JR信濃町駅・四ッ谷駅から徒歩12分

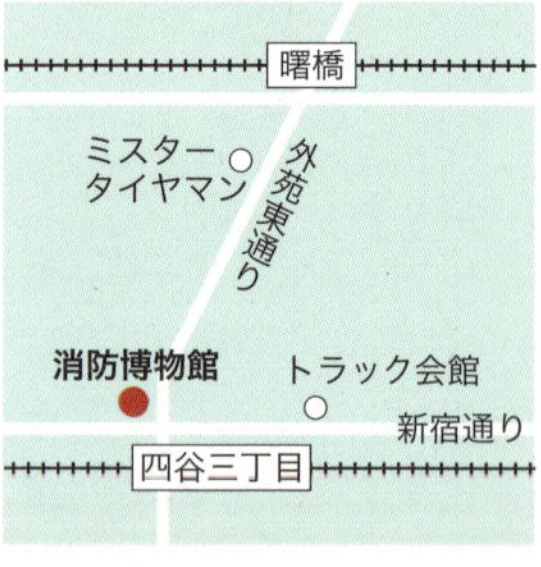

エントランスで迎えてくれるのは明治時代に活躍した「馬牽き蒸気ポンプ」。

明治時代から昭和までの変遷をおった４階展示室。中央に見えるのは二輪消防車（赤バイ）。

５階の「江戸の火消」ゾーンで展示されている江戸時代の火消風景のジオラマ。

イベコ社のシャシーにマギルス社の梯子を載せた「イベコ・マギルス梯子自動車」。

得 ミニ知識

ミュージアムショップで買いたいオリジナルグッズ

臥《が》煙《えん》Tシャツ　2,000円(税込)

臥煙とは、命をかけて江戸城を守った火消隊のこと。濃紺の半そでTシャツに臥煙の文字入り。文字色は白、オレンジ、水色の３種類があります。サイズはSS～３Lまで。

蒸気ポンプはイギリス生まれ

1814年にイギリス人技術者、ジョージ・スチーブンソンにより世界初の蒸気機関車が誕生。その後、改良された蒸気機関を使い、1829年には同じイギリス人ジョージ・ブライスウェイトらが、初めての蒸気ポンプの製作に成功しました。このポンプは10馬力で、毎分900～1200ℓの水を約30mの高さまで放水できるもので、消防機器の機械化第１号といわれています。

日本では、1870(明治３)年に初めて東京府消防局が、イギリスから蒸気ポンプを輸入しましたが、道路が狭くて効果的に移動できないことや操作が複雑で十分に使いこなせないなどの理由から、函館、盛岡へと順に売却されてしまいました。国産の蒸気ポンプ第１号は市原ポンプ製作所によって1899年に誕生しています。

厳しい監獄生活を体験

博物館網走監獄

はくぶつかんあばしりかんごく

北海道網走市

明治から昭和40年代後半まで、実際に使用されていた旧網走刑務所建物群を網走国定公園内天都山麓に移築・復元し、内部を公開している野外博物館です。網走監獄は、その厳しい環境のために最果ての監獄と呼ばれ、受刑者たちは北海道開拓のために労働者として使われていました。約17万m^2の広大な敷地には博物館のほか、1912（明治45）年から1984（昭和59）年まで使用されていた舎房や農場、見張り用のやぐらなど、監獄内の様子を今に伝える21の施設が点在しています。特に独房や浴場、面会を行う庁舎には人形も展示されているので、当時の様子がひしひしと伝わってきます。

開館25年で通算入館者数は1000万人を突破。最果ての地に足を運ぶ人はまだまだ絶えません。

2010（平成22）年2月1日には体験型の「監獄歴史館」がオープンしました。

「赤レンガ門」と呼ばれる網走刑務所正門。高温で焼き上げた煉瓦は独特の黒褐色をしている。

お出かけDATA

- 〒099-2421 北海道網走市字呼人1-1
- 0152-45-2411
- 4～10月8:00～18:00、11～3月9:00～17:00（いずれも入館は閉館の1時間前まで）
- 休 無休
- ¥ 大人1050円、高校生・大学生730円、小学生・中学生520円
- JR網走駅から網走市内観光施設めぐり線バスで博物館網走監獄下車（季節運行）

1912年頃に建てられた煉瓦づくりの独居房。煉瓦の壁で厚さは40cm以上。窓もなく、扉は二重。

1912年に建てられ、1984年まで使われていた「五翼放射状平屋舎房」。少人数でも監視がしやすい構造でベルギーのルーヴァン監獄を模したものといわれる。

学芸員のイチオシコーナー

本物だからこそ感動する文化財指定の建造物

博物館網走監獄には、登録有形文化財に指定されている舎房、教誨堂《きょうかいどう》、二見ヶ岡農場という3つの建造物があります。

明治時代、日本は欧米の治外法権を撤廃するためのひとつの手段として西欧の進んだ建築様式を取り入れて監獄をつくりました。そのため、大変素晴らしい建造物ができました。写真は受刑者に倫理的、精神的な指導を行った教誨堂です。

100年以上の時を経た今、その歴史の重みをそれぞれの建物のなかで体感してください。本物がもつインパクトに魅了されることでしょう。

ミュージアムショップで買いたいオリジナルグッズ

監獄食Tシャツ　2,000円(税込)

サンマや切干大根などに麦の入ったご飯。実際に網走監獄の囚人が食べていた食事をイラストで再現しました。

得 ミニ知識

明治の脱獄王、「五寸釘寅吉」とは?

日本において過去に最も多く脱獄したことで知られる西川寅吉(1854〜1941年)。通称、五寸釘寅吉。若い頃より罪を重ね、三重、秋田といくつもの監獄に送られるもそのたびに脱獄。「五寸釘」の由来は、秋田から三重に向け逃走中静岡で警察に追われ、五寸釘を踏み抜いたまま三里(約12km)を走って逃げたという実話からきています。寅吉の脱獄は6回にものぼっていますが、49歳で網走監獄に送られてからは、模範囚になったといわれています。

充実した3つの専門博物館が融合

明治大学博物館

めいじだいがくはくぶつかん

東京都千代田区

1881(明治14)年に明治法律学校として有楽町に開校した明治大学は、2004(平成16)年まで部門別に3つの博物館を有していました。しかし、アカデミーコモン竣工を機に統合し、大学の学術専門博物館として開館にいたりました。30万点近くの資料のなかから常時1700点が展示されています。

展示は独立していた各博物館の内容を引き継ぎ、生活文化のあり方を紹介する「商品」、法と人権を考える「刑事」、そして人類の過去と多様性を取り上げる「考古」の3つの部門で構成されています。「刑事」部門の拷問や処刑に関する資料、錦絵や文書などからは、人権抑圧の歴史を肌で感じることができるはずです。

学芸員のイチオシコーナー

人権について考えたい ニュルンベルクの鉄の処女やギロチン

明治大学博物館では日本で唯一の展示品としてニュルンベルクの鉄の処女やギロチン(共に複製)をはじめとする国内外の拷問・刑罰道具を収集・展示しており、刑罰資料を通して法律のあり方や人権について考える場を提供しています。

ほかにも日本の伝統工芸品や、重要文化財4件を含む考古資料も充実しています。

お出かけDATA

- 〒101-8301　東京都千代田区神田駿河台1-1　アカデミーコモン地階
- ☎ 03-3296-4448
- 10:00〜17:00(入館は16:30まで)
- 休 夏季・冬季休館日あり
- ¥ 無料
- JR御茶ノ水駅から徒歩5分、地下鉄丸ノ内線御茶ノ水駅・千代田線新御茶ノ水駅から徒歩8分

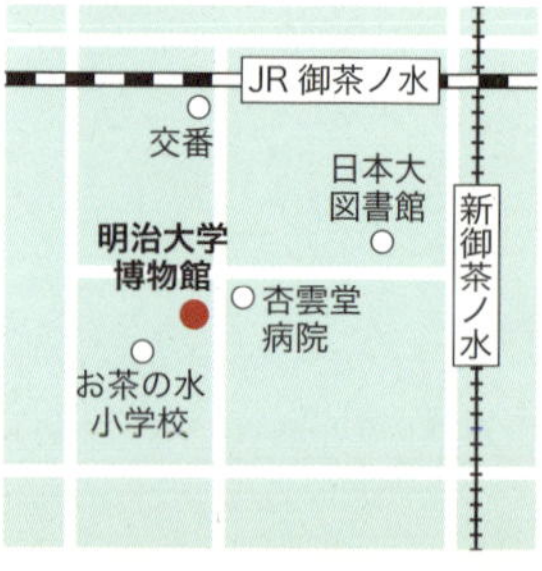

刑事部門の常設展示。古代から現代までの刑事法、江戸時代の捕者道具、拷問具の実物大資料などを見ることができる。写真は江戸時代の「高札」。

1950(昭和25)年に文学部考古学専攻ができて以来、旧石器時代から古墳時代にいたる遺跡を調査研究してきた。戦後の考古学の発展に寄与した研究成果を一堂に展示。

商品部門の常設展示。身近な日本文化である漆器、染織品、陶磁器、竹木工品、金工品などを展示している。

ミュージアムショップで買いたいオリジナルグッズ

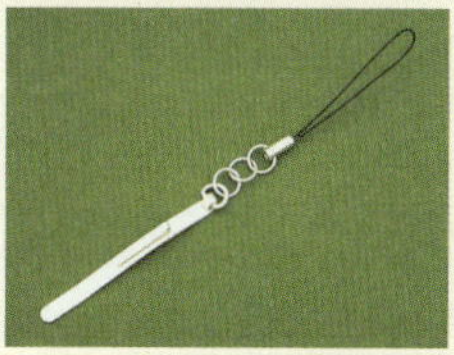

十手ストラップ　1,100円(税込)

館所蔵の如意十手をモチーフにしたストラップ。メタル素材でできており、どんな携帯電話にも似合う、シンプルなデザインです。

民衆の遵法精神を養った「高札《こうさつ》」

得 ミニ知識

博物館では「高札」のコレクションを展示しています。高札とは板に法令・禁令を墨で書いたもので、江戸幕府や各藩の法律や違反した者に対する罰則、密告の奨励(賞金が与えられること)などが、一般の民衆にも理解できるように、かな交じり文で書かれていました。高札を掲げた場所を高札場といい、人が多く集まる橋のたもと、関所、宿場、渡し場などに設けられました。江戸日本橋、京都三条大橋などは有名な高札場です。高札の廃止が決まったのは1874(明治7)年です。

生活に身近な新聞のすべてがわかる

日本新聞博物館

にほんしんぶんはくぶつかん

神奈川県横浜市

「ニュースパーク」の愛称で知られる日本新聞博物館は、日刊新聞発祥の地である横浜市に2000(平成12)年に開館しました。1階の巨大な輪転機を見ながらチケット売り場へ。

展示は歴史と現代のコーナーに分かれ、歴史のコーナーでは「かわら版」に始まる1850年代からの新聞の歴史を紹介。現代のコーナーでは、取材、編集、製作などの過程を経て新聞がつくられ、各家庭に届けられるまでを紹介しています。パソコンで新聞の製作体験ができる「新聞製作工房」は、自分だけの新聞ができることもあって大好評。併設の「新聞ライブラリー」では、新聞専門の図書館として約170紙の創刊から最新号までを読むことができます。

学芸員のイチオシコーナー

かわら版や4コマ漫画がつまった「歴史ゾーン」

幕末から現代までの日本の新聞の歩みを伝える「歴史ゾーン」は、実物資料やパネル、映像で構成されており、見ごたえ満点です。かわら版や挿絵は現代の新聞の原点を知るうえで大変参考になるはず。日本で初めての日刊紙「横浜毎日新聞」も当時の新聞の面白さを伝えてくれます。『フクちゃん』などの4コマ漫画の前では立ち止まってしまう人も。じっくり読み込んでいる人が多いのが、この「歴史ゾーン」です。

お出かけDATA

- 〒231-8311　神奈川県横浜市中区日本大通11　横浜情報文化センター内
- 045-661-2040
- 10:00～17:00(入館は16:30まで)
- 休　月曜日(祝日または振替休日の場合は翌日休館)、年末年始
- ¥　一般・大学生500円、65歳以上400円、高校生300円、中学生以下は無料
- みなとみらい線日本大通り駅直結、JR・市営地下鉄関内駅から徒歩10分

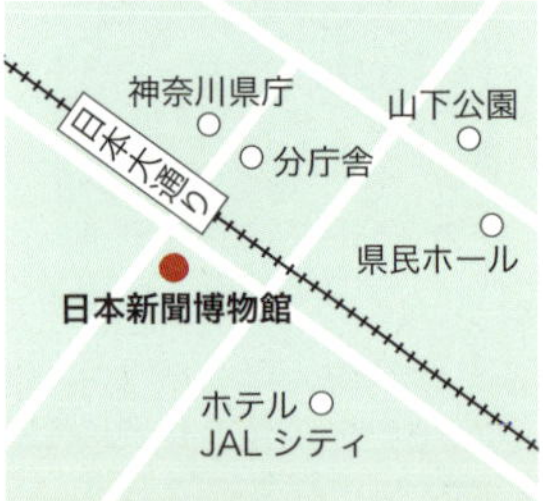

ロボット弁士が新聞の役割を熱く語る。

できたよ！私の新聞

ニュースパーク

紙面づくりにトライ

コンピューターで素早く

「新聞製作工房」ではパソコンを使って記事を書いたり写真を取り込んだりして自分の新聞をつくることができる。

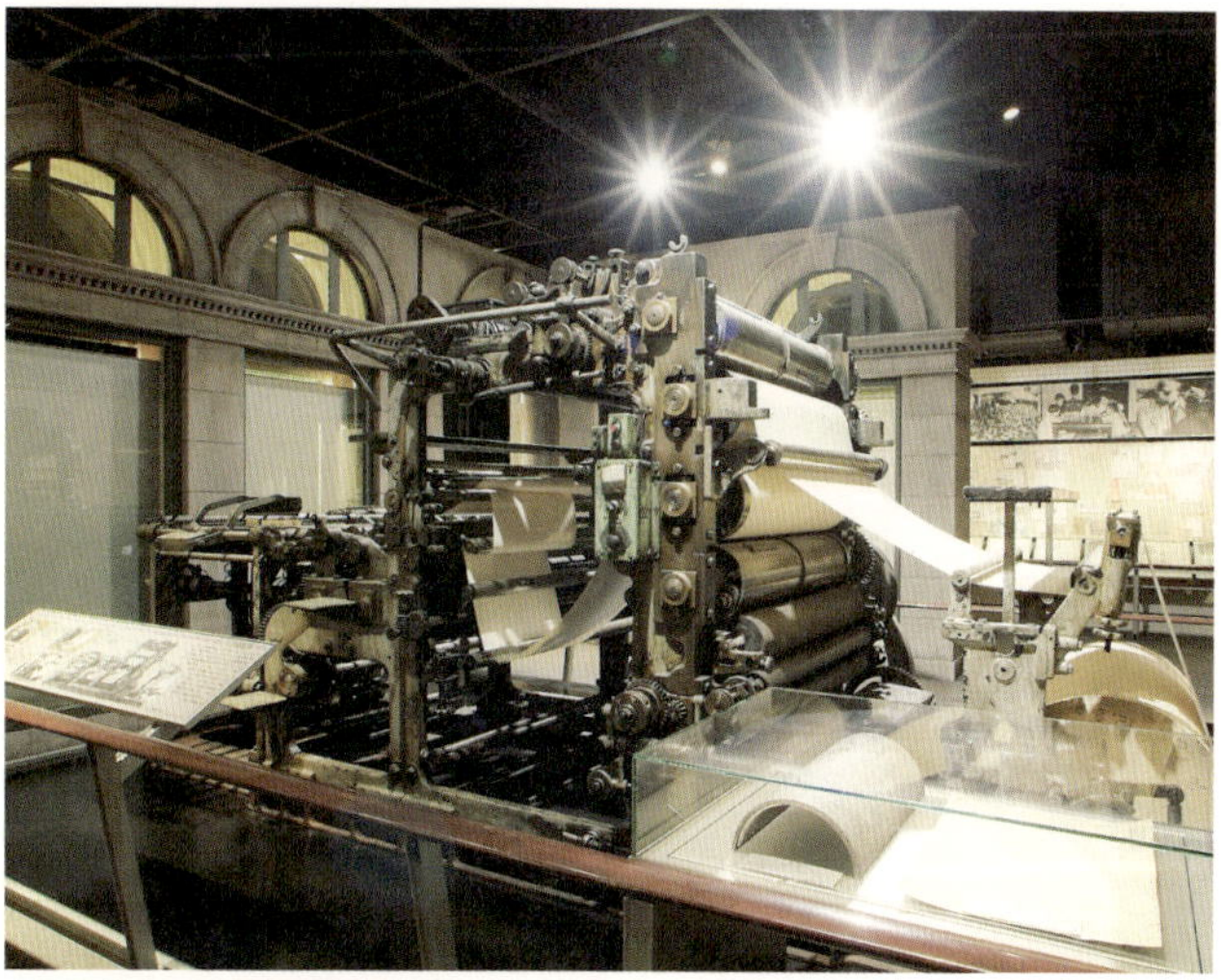

大正末期から昭和初期に製造された「マリノニ式輪転機」。

日本新聞博物館のシンボルである超高速輪転機。高さ7.3m、重さ78t。

ミュージアムショップで買いたいオリジナルグッズ

毎夕新聞
サイコロ付
東京電車双六

525円（税込）
25.8cm×18.3cm

新聞の読者に提供する付録のひとつとして双六がありました。これは「毎夕新聞」の3257号の付録。社会風俗や流行を図案にしており、上がり（ゴール）は三越呉服店です。

得 ミニ知識

毎日読んでいる新聞の始まりは？

日刊新聞として最初に発行されたのは「横浜毎日新聞」です。1871（明治3）年に創刊され、改題を重ねた後、1941（昭和16）年に姿を消しました。

最も長い歴史を誇る新聞は、1872（明治5）年に創刊された「東京日日新聞」（現在の「毎日新聞」）です。東京日日新聞は、1885（明治18）年に日本で初めて朝夕刊をセットで販売しました。

歴史を語るように時を刻む姿が印象的

松本市時計博物館

まつもとしとけいはくぶつかん

長野県松本市

古時計の研究者であり技術者でもあった本田親蔵《ちかぞう》氏（1896〜1985年）が、収集した和洋の古時計コレクションを1974（昭和49）年に松本市へ寄贈したことがきっかけとなり開館。館のシンボルともなっている、日本一の大きさを誇る振子型時計は、松本市の顔としても親しまれるようになりました。

現在展示されている資料は約110点。それらの多くが動いている状態で見ることができます。1階では「時計の進化」をテーマに映像・音響・照明等の最先端の展示手法を活用し、時計が庶民に広まっていった様子を紹介。2階では「華麗なる古時計の世界」をテーマとして、豊富な古時計コレクションをコーナー別に展示。また時計と関連の深い蓄音機の懐かしい姿も並びます。3階の企画展示室では、企画展や蓄音機を使ったレコードコンサートなどが催されています。

現代の時計を展示。写真や映像で時を感じさせる。

お出かけDATA

- 〒390-0811
  長野県松本市中央1-21-15
- 0263-36-0969
- 9:00〜17:00（入館は16:30まで）
- 休 月曜日（祝日または振替休日の場合はその翌日）、年末年始
- ¥ 大人300円、小学生・中学生150円
- JR松本駅から徒歩10分

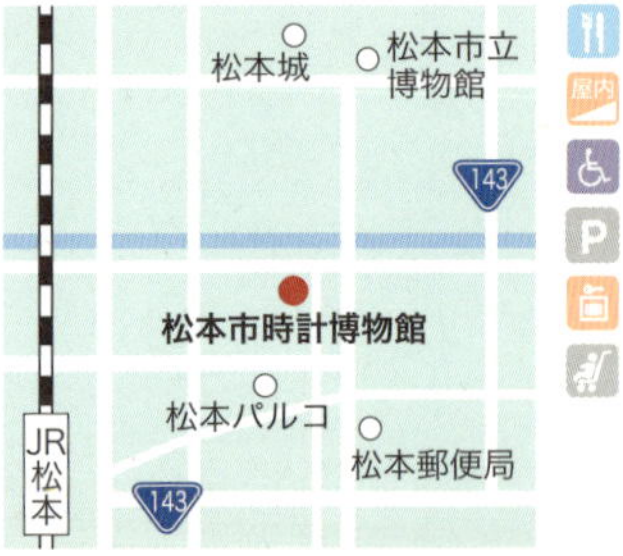

「四季平安」と書かれた紙をもった人形が、時打にあわせて紙を広げてみせる。

19世紀、清の時代に中国で製作された高さ72cmの置時計。機械部と文字盤はイギリスから輸入したもので、ケースは紫檀材にあざやかな螺鈿が施されている。こうした中国趣味のケースに納まった西洋時計を「広東時計」と呼んでいる。

櫓《やぐら》時計や枕時計などさまざまな和時計が並ぶ。

学芸員のイチオシコーナー

見ているだけで楽しくなるからくり時計

当館の最大の特徴は、可能な限り動いた状態で古時計を展示していることです。このため、さまざまな古時計の時報やカチカチというセコンドの音が楽しめます。特に「西洋時計の世界」の展示室は、おすすめのスポットです。定時になると文字盤上部の窓からかわいいカッコーが顔を出してくれるカッコー時計、くちばしを動かして「ホーホー」と時刻の数だけ鳴いてくれるフクロウ時計、文字盤の下に設けられた扉が開き、人形が出てトランペットを吹いてくれるトランペット吹奏時計などの楽しい時計があります。

ミュージアムショップで買いたいオリジナルグッズ

時計博物館オリジナル時計（腕時計・懐中時計）

腕時計：シルバー色 7,000円、ゴールド色 8,000円
懐中時計：シルバー色 8,000円、ゴールド色 9,000円
（いずれも税込）

松本市時計博物館のロゴマークがデザインされた時計です。セイコー製で、シンプルで見やすい文字盤。

得 ミニ知識

「時の記念日」のルーツは天智天皇

「時の記念日」は毎年6月10日です。671（天智天皇10）年の4月25日（太陽暦の6月10日）に水時計が宮中におかれ、それが初めて時を告げたと『日本書紀』にあることから、この日が時の記念日となったのです。

制定されたのは1920（大正9）年。ちょうどこの年、「時の博覧会」が開催されており、国民が時間を尊重して、生活を合理的にすることを目的として、当時の文部省と生活改善同盟が呼びかけて決まりました。

世界の演劇・映像資料がそろう

早稲田大学坪内博士記念演劇博物館

わせだだいがくつぼうちはかせきねんえんげきはくぶつかん

東京都新宿区

1928(昭和3)年、坪内逍遙博士の古稀(70歳)の祝いと、その半生を傾けた『シェークスピヤ全集』全40巻の翻訳完成を記念して設立。日本で唯一の演劇専門博物館です。コレクションは日本や世界各地の演劇に関する資料(錦絵、写真、図書資料なども含め)数十万点におよびます。常設展示では、シェイクスピア個人と彼の戯曲をはじめ、日本の民俗芸能、古代芸能、それらに続く中世、近世、近代、現代までの演劇資料を系統立てて見ることができます。

逍遙の発案により、建物はイギリスのエリザベス朝時代の建築様式を取り入れ、「フォーチュン座」を模しています。

シェイクスピア劇の本拠地であるグローブ座の模型。

学芸員のイチオシコーナー

フォーチュン座を模した博物館自体が貴重な資料

演劇博物館は、16世紀イギリスの劇場フォーチュン座を模して設計されており、建物自体がひとつの演劇資料となっています。正面の張り出し舞台を中心に、建物の両翼は桟敷席、張り出しの奥は楽屋、1階廊下部分は奥舞台、そして前庭は一般席にあたります。実際に舞台の上演もできる仕掛けが施されており、舞台正面に掲げられたラテン語は「全世界は劇場なり」というメッセージです。

お出かけDATA

〒169-8050 東京都新宿区西早稲田1-6-1 早稲田大学内
03-5286-1829
月・水・木・土・日曜日10:00〜17:00、火・金曜日10:00〜19:00
休 祝日および連休となる日曜日、夏季・冬季授業休止期間の土・日曜日、大学創立記念日(10月21日)、年末年始、入試期間
¥ 無料
JR高田馬場駅から早大正門行きバスで終点下車徒歩2分、地下鉄東西線早稲田駅から徒歩7分

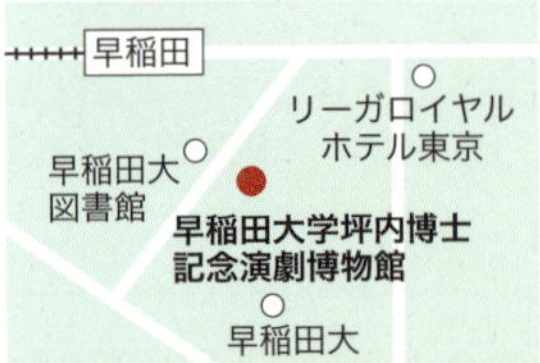

※夏季・冬季休業期間中の開館時間は10:00〜17:00。

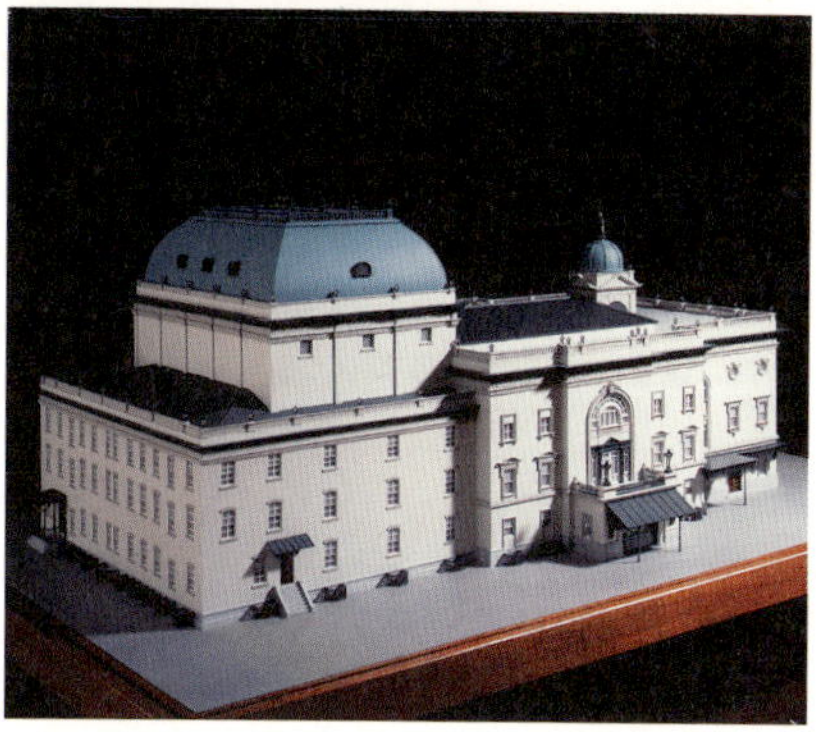

1911（明治44）年に建てられた日本初の西洋劇場「帝国劇場」の50分の1の模型。

逍遙が来館した時に使用した「逍遙記念室」。天井には逍遙の干支にちなんで、羊の装飾が施されている。

17世紀に京都にあった芝居小屋、都万太夫座を描いた「都万太夫歌舞伎図屏風」。ここに描かれている芝居は野郎歌舞伎といわれる初期歌舞伎。

ミュージアムショップで買いたいオリジナルグッズ

絵葉書「人魚図」
100円（税込）

頭に2本の角があり、腹には3つの目が描かれた不気味な「人魚図」の絵葉書は人気グッズのひとつ。

クリアファイル「外観　水彩画」
200円（税込）

ミュージアムショップで一番人気がある、博物館の外観を描いたクリアファイル。A4サイズ。

得 ミニ知識

坪内逍遙ってどんな人？

坪内逍遙（1859～1935年）が『シェークスピヤ全集』の翻訳を完成させたのは1928（昭和３）年ですが、それ以前においても逍遙は日本文学に大きな影響を与えています。

1885（明治18）年、逍遙26歳の時に書いた『小説神髄』は、日本最初の近代的文学論といわれています。それに続く『当世書生気質』により、逍遙は文壇の中心的存在となり、明治期を代表する小説家、評論家、劇作家として活躍しました。早稲田大学に文学部を創設したのも逍遙です。

海外からの見学者も楽しめる

相撲博物館

すもうはくぶつかん

東京都墨田区

1954（昭和29）年の蔵前国技館完成と同時に創立・開館。その後、1985（昭和60）年に国技館が蔵前から両国へ移転するのにともない、博物館も両国に場所を移して資料を公開しています。年に6回開催される企画展が中心で、ずっしりと重みを感じる化粧廻しや番付、錦絵などを間近で見ることができます。

また、初代明石志賀之助から第69代白鵬まで歴代の横綱の姿を錦絵や写真で紹介。相撲の場所がない期間も博物館は開館しており、国内だけではなく、海外からの相撲ファンの姿も少なくありません。

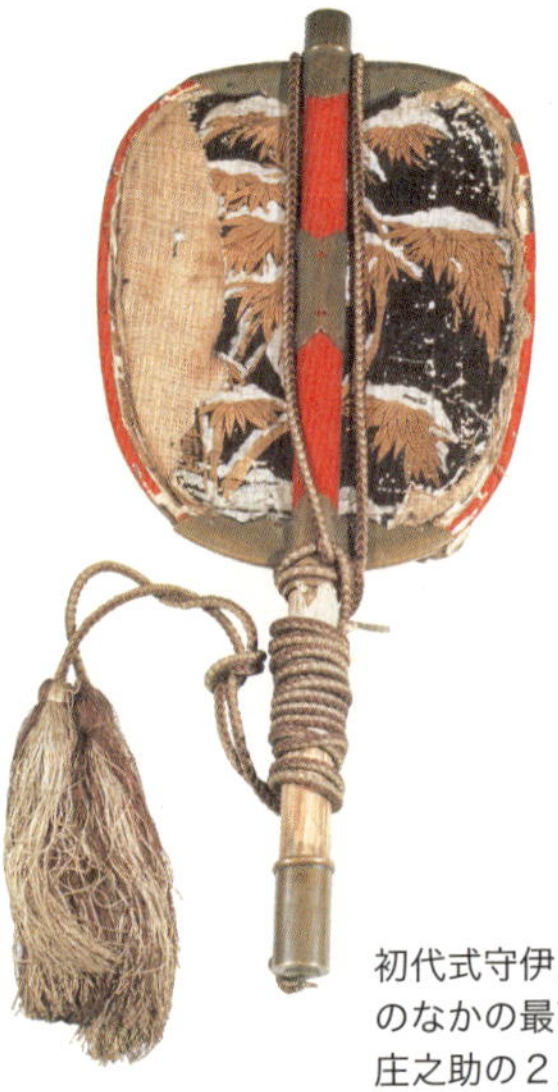

初代式守伊之助の軍配。立行司は行司のなかの最高位で、式守伊之助と木村庄之助の２人しかいない。式守伊之助は代々紫白の房を使用している。

「延宝年間相撲絵馬」（伝・興福寺旧蔵）。

お出かけDATA

〒130-0015　東京都墨田区横網1-3-28（国技館1階）

03-3622-0366

10:00～16:30

休 土・日曜日、祝日、年末年始
※東京本場所中は毎日開館。ただし、大相撲観覧者のみ見学可

¥ 無料

JR両国駅から徒歩1分、都営大江戸線両国駅から徒歩5分

第45代横綱・初代若乃花の化粧廻し。
若乃花は昭和生まれで初の横綱。

写楽による錦絵「大童山文五郎　一人土俵入り」。江戸時代に怪童力士と呼ばれた大童山文五郎がひとりで土俵入りをしている図。絵師たちは力士を題材として取り上げ、多くの作品を残している。

得 ミニ知識

国技館は変身する

国技館は大相撲の時だけ開館しているわけではありません。多目的ホールとしての設備を備え、各種のイベントに使用されています。そのため、場内にはさまざまな工夫が施されています。

総重量6tの吊り屋根は高さ40mの位置まで上がり、土だけで30tもある土俵はボタンひとつで地下に格納されます。土俵があったところには床がスライドしてはめ込まれます。桝席も7列目までは後部座席の下に納まるため、40m四方のアリーナに変身するという具合です。

美しい調べに魅了される

京都嵐山オルゴール博物館

きょうとあらしやまおるごーるはくぶつかん

京都府京都市

京都嵐山の一角に建つ洋館が京都嵐山オルゴール博物館です。

世界最高級のオルゴールメーカーであるスイスのリュージュ社を率いていたギド・リュージュ氏（1904〜1995年）は、世界有数のオルゴールコレクターでもありました。氏のコレクションを含む館のコレクションのなかから世界最古のオルゴールや西洋のからくり人形など厳選した約100点を展示しています。

実際に音を聞くことができるのも、この博物館の楽しさのひとつです。展示替えも行われており、何度訪ねても飽きることがありません。

1階のカフェレストランでは、オルゴールの生演奏を聞きながら、ゆっくり食事を楽しむこともできます。

2階にはリュージュ社のショップを併設しています。

学芸員のイチオシコーナー

世界最古のオルゴールは西洋の印章

数あるオルゴールのなかでも必見なのが、1796年スイスの時計職人アントア・ファブールにより発明・制作された、現存する世界最古のオルゴールです。

金製の印章で、直径は約3㎝という小さなもの。下部の台の部分にオルゴールが内蔵されており、上部のリング状のつまみを回すと音楽が流れます。ぜひ館で見てください。

お出かけDATA

- 〒616-8375 京都府京都市右京区嵯峨天龍寺立石町1-38
- 075-865-1020
- 10:00〜18:00（入館は17:30まで）
- 休 火曜日（祝日または振替休日の場合は開館）
- ¥ 大人1000円、小学生600円（保護者同伴の場合は300円）
- JR嵯峨嵐山駅から徒歩10分

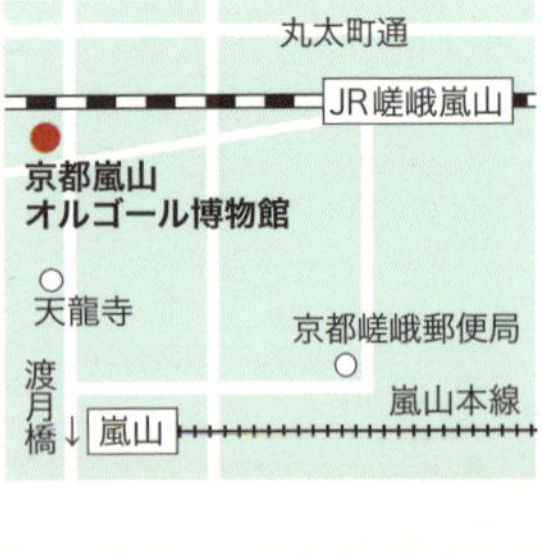

現代のオートマタ制作の第一人者フランソワ・ジュノによる「世紀末の月」（1998年作）。

ヴィシー作「ピエロ・エクリヴァン」。エクリヴァンとはフランス語で物書きという意味。100年以上前のヴィシーのエクリヴァンを実演しているのは、日本でこの作品だけ。

説明員が、展示されているオルゴールの紹介・実演をはじめ、オルゴールの歴史などについて案内してくれる。

ミュージアムショップで買いたいオリジナルグッズ

オルゴールボール　2,415円（税込）～

金属製の球のなかにオルゴールの「くし歯」が入っていて、球を振るとサラサラ、シャラシャラと心地よい音が響きます。

得 ミニ知識

世界シェアトップを誇った日本のオルゴール

オルゴールは大きく分けて、円筒にピンを取りつけたシリンダー・オルゴールと、円盤にピンを取りつけたディスク・オルゴールに分類されます。シリンダー型のほうが古く、懐中時計のようにポケットへ入る大きさで楽しまれていたようです。ディスク型は演奏機はそのままで、ディスクを交換すればさまざまな曲が楽しめるというメリットがあります。

オルゴールは18世紀末にスイスで生まれ、発展しましたが、第二次世界大戦後、その主要生産国はスイスから日本へ移り、長野県諏訪市の日本電産サンキョー株式会社は世界シェアの80%を占めるまでにいたりました。

メルヘンチックな三角屋根が目印

横浜人形の家

よこはまにんぎょうのいえ

神奈川県横浜市

横浜港、山下公園、元町、中華街などの観光スポットに囲まれた人形の家は、人形専門の博物館として1986(昭和61)年に開館。人形と人形に関する資料約1万4000点を所蔵しています。展示は、世界約140カ国の民族人形が一堂に勢ぞろいする「ワールドフェスティバル」のコーナーや職人が人形を制作する過程を紹介する映像コーナーなど、人形から文化や芸術の知識を深める構成になっています。

また1970年代頃から、子どもたちが夢中になっていたキャラクター人形など、懐かしい顔もあわせて展示しています。ミュージアムショップやカフェも観光地ならではの充実ぶりです。

学芸員のイチオシコーナー

戦火をくぐり抜けた「友情人形」

横浜人形の家の収蔵品の核のひとつに「友情人形」があります。

1927(昭和2)年、アメリカのS・L・ギューリック博士が日米の関係悪化を憂い、次代の子どもたちによる友好関係の構築を願って、日本の子どもたちへ人形を贈ろうと呼びかけました。これに応じて約1万2000体が全米各地から寄せられ、海を越え横浜港などに到着、日本各地の小学校や幼稚園へと贈られました。戦争中には敵国の人形だと廃棄されたこともあり、約330体が現存するのみです。人形の家では4体を所蔵、展示しています。戦争をくぐり抜け、現在まで伝わってきた人形たちは、一体一体が〝人生〟のような物語をもっています。

お出かけDATA

- 〒231-0023 神奈川県横浜市中区山下町18
- 045-671-9361
- 10:00〜18:30(入館は18:00まで)
- 休 7・8・12月を除く毎月第3月曜日(祝日または振替休日の場合は翌火曜日休館)、年末年始、その他
- ¥ 高校生以上500円、小学生・中学生150円
- みなとみらい線元町・中華街駅から徒歩2分、JR石川町駅から徒歩13分

世界各国の人形を一堂に展示することで、文化の多様性を紹介。

20世紀前半（明治時代後期）につくられたお台御所人形「花車曳き」。

江戸時代後期の「享保雛」。この頃から頭に冠と宝冠が載せられるようになったという。

19世紀後半にフランスやドイツでつくられたビスクドールの逸品「ブリュ・プレベティ」。当時のファッションを伝える貴重な資料でもある。

ミュージアムショップで買いたいオリジナルグッズ

ストロベリーアーモンド
525円（税込）

アーモンドをコーティングしているのは天然果汁のイチゴパウダーとミルクパウダー。甘いだけでなく、イチゴの酸味もあって後を引くおいしさです。

得 ミニ知識

誰もが愛した、懐かしのビニール人形

空前の大ヒットとなった人形といえば、1960（昭和35）年に発売された「ダッコちゃん」。真っ黒な人型をしたビニール製で、両手足が輪状になって、人の腕などに抱きつく姿とウィンクする目がかわいいと、女の子の間で大評判となりました。発売当初の価格は180円。半年でおよそ240万体が売れました。

カメラ好きなら一度は行きたい

日本カメラ博物館

にほんかめらはくぶつかん

東京都千代田区

１９８９（平成元）年、財団法人日本カメラ財団の前身であるＪＣＩＩ（財団法人日本写真機検査協会）が、文化事業活動の一環として日本カメラ博物館を設立。日本のカメラの発展を紹介しています。現在ではフォトサロンやライブラリーも併設しています。

１８３９年にパリで発売された世界最初の市販カメラ「ジルー・ダゲレオタイプ・カメラ」をはじめ、世界中から集めた国内外のカメラ約１万点の収蔵品のなかから約１０００点を展示。６００以上ものカメラのパーツや、カメラの内部構造を見せるために外装を透明アクリルでつくったカメラなど、カメラそのものをあらゆる角度から紹介しています。

「体験コーナー」では、１９５３（昭和28）年製のスプリングカメラや二眼レフカメラなど、めったに手にすることのできないカメラの感触を味わえます。

ライカの名機が多数並ぶ。

お出かけDATA

- 〒102-0082 東京都千代田区一番町25 JCII一番町ビル
- 03-3263-7110
- 10：00～17：00
- 休 月曜日（祝日または振替休日の場合は翌火曜日休館）、年末年始
- ¥ 一般300円、小学生・中学生は無料
- 地下鉄半蔵門線半蔵門駅から徒歩3分、地下鉄有楽町線麹町駅から徒歩8分

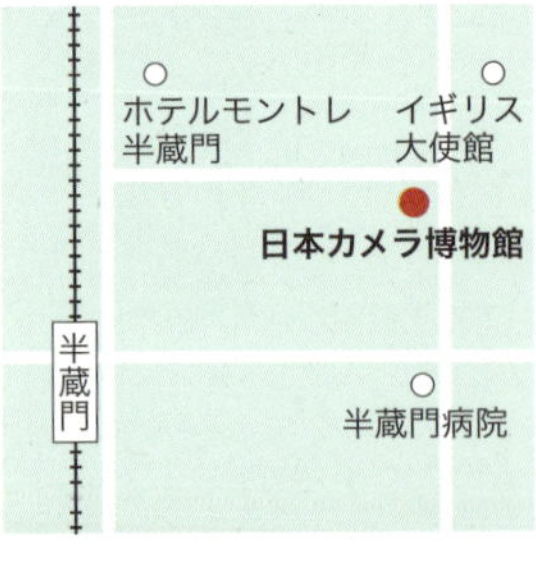

学芸員のイチオシコーナー

日本ではここだけにしかない「ジルー・ダゲレオタイプ・カメラ」

〝イチオシ〟といえば、世界で最初に市販されたカメラ「ジルー・ダゲレオタイプ・カメラ」(写真左)です。1839年、ルイ・ジャック・マンデ・ダゲールによって発明されたダゲレオタイプ・カメラは、フランス下院で発表され、その直後にパリで発売されました。このカメラの側面には、正真正銘のジルー・ダゲレオタイプ・カメラの証明である、ダゲール自身のサインが施された大きな楕円のプレートが貼られています。

世界中を見ても、保存・展示しているのは数館しかなく、日本では当館だけという、大変貴重なカメラです。

ちなみに、写真右のカメラは「ビアンキ・ダゲレオタイプ・カメラ」です。

いろいろなカメラに実際に触れられる「体験コーナー」。

日本カメラ財団が認定した歴史的カメラが並ぶ。

ミュージアムショップで買いたいオリジナルグッズ

オリジナルエコバッグ
1,000円(税込)

開館20周年記念につくられたエコバッグ。“HOW DO YOU MEASURE QUALITY?”(あなたはどのようにカメラの品質を判別しますか?)のキャッチコピーが効いています。

得 ミニ知識

日本初のプロカメラマン

1862(文久2)年、上野彦馬(1838〜1904年)は長崎市内に日本初の写真館「上野撮影局」を開きました。上野はプロカメラマンとして、幕末から明治にかけて坂本龍馬、高杉晋作、伊藤博文、桂小五郎、そしてロシア最後の皇帝・ニコライ2世など、歴史に残る多くの人物を撮影してきました。懐に手を隠した立ち姿の龍馬の肖像写真は有名です。

ちなみに、彦馬の父・上野俊之丞は日本人で初めて写真技術を学び、1848(嘉永元)年にフランスで発明されたダゲールのカメラを輸入しました。俊之丞が撮影した薩摩藩主・島津斉彬の写真は日本人が写した現存する最古の銀板写真といわれています。

楽器の町で触れる世界の楽器

浜松市楽器博物館

はままつしがっきはくぶつかん

静岡県浜松市

浜松は日本で最初に国産ピアノがつくられた町で、現在でも世界的に有名な楽器メーカーが拠点としています。その町に1995(平成7)年、日本で初めての公立楽器博物館として開館しました。

〝世界の楽器を偏りなく平等に展示して、楽器を通して人間の知恵と感性を探る〟ことを展示のコンセプトとし、ヨーロッパだけではなく、アジア、アフリカなどこれまであまり目が向けられなかった地域の楽器のコレクションも充実しています。楽器は地域ごとに展示されており、実物資料の近くに設置されたヘッドホンで〝きく〟体験も楽しめます。約1200点におよぶ展示資料は、どれもガラスケースには入っておらず、今にも音が聞こえてきそうな楽しい雰囲気にさせてくれます。

毎日1時間ごとに展示鍵盤楽器等を職員が実演を交えて解説するデモンストレーションも好評です。

地階にはハープやバイオリンなどヨーロッパの弦楽器、管楽器が並ぶ。このほか、グアテマラやパプアニューギニアの楽器も。

お出かけDATA

- 〒430-7790 静岡県浜松市中区中央3-9-1
- ☎ 053-451-1128
- 9:30～17:00
- 休 毎月第2・4水曜日(祝日または振替休日の場合は翌木曜日休館)、年末年始
- ¥ 大人400円、高校生200円、中学生以下と70歳以上は常設展については無料
- JR浜松駅から徒歩7分

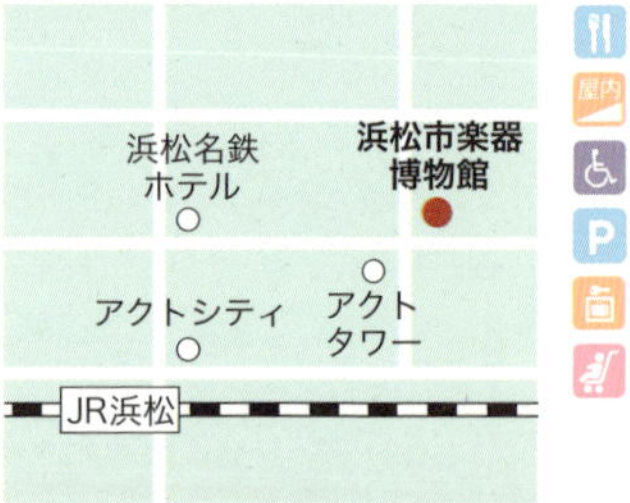

アフリカの太鼓、インドネシアの竹のベルなど子どもたちが実際に音を出して楽しめる体験ルーム。

学芸員のイチオシコーナー

世界の楽器から文化を知る

当館の常設展では、私たちに馴染みの深いピアノ、トランペットなどの西洋楽器だけではなく、世界各地の楽器を展示しています。これらの楽器は、長い時間をかけそれぞれの土地に根づいたもので、人々の知恵と工夫、さらにはその地域の文化もうかがい知ることができます。約1200点にのぼる常設展の楽器資料を切り口にしてさまざまな文化を探求してください。

ミュージアムショップで買いたいオリジナルグッズ

浜松市楽器博物館コレクション

シリーズCD 全19巻　各2,200円(税込)

館所蔵のチェンバロ、フォルテピアノ、尺八、バイオリンなどの楽器を用い、それぞれの第一人者が名曲を演奏しています。

得 ミニ知識

とても古いオルガンの歴史

オルガンとは、本来パイプ・オルガンのことを指します。パイプ・オルガンは、紀元前3世紀頃エジプトでつくられた水オルガン(水圧を利用したもの。「ヒュドラウリス」という)が最も古い例とされています。その後、古代ギリシャとローマで発達。中世以降キリスト教教会でも用いられ普及しました。さらに、鍵盤数やパイプの数の増加によって、コンサートホールや大規模な教会で見られる超大型のパイプ・オルガンもつくられるようになりました。なお、現在残されているパイプ・オルガンのなかで最も古いものは15世紀につくられたといわれています。

日本のウイスキー文化誕生を知る

サントリーウイスキー博物館

さんとりーういすきーはくぶつかん

山梨県北杜市

南アルプスの大自然に囲まれ、「日本の名水100選」に選ばれた尾白川の地にサントリーの白州蒸溜所が誕生したのは1973(昭和48)年。その蒸溜所に隣接した博物館では、日本のウイスキーづくりの歩みや中世の醸造方法などを紹介しています。

手塚治虫氏が描いたキャラクターが案内してくれる「ウイスキーの知られざる神秘」や「世界各国のウイスキーの歴史」などの展示も豊富で、ウイスキーを丸ごと知ることができます。

国産初のウイスキーをつくったポットスチル(蒸溜釜)。

学芸員のイチオシコーナー

オークションで入手したビクトリア朝時代の正統派パブ

ヨーロッパのオークションで入手したイギリスのビクトリア朝時代のパブの内装展示は貴重な資料です。パブとはイギリスでできた酒場のことで、パブリックハウスを略した言葉です。18世紀から19世紀に発展したパブは、当初は宿屋や集会所などのまさに公的な機能を果たしていましたが、ビクトリア朝時代には豪華な調度類が置かれて上流階級の居酒屋として歩み始めました。

現在でも、正統派のパブはこの重厚で落ち着いた内装を受け継いでいます。

お出かけDATA

〒408-0316
山梨県北杜市白州町鳥原2913-1

☎ 0551-35-2211

9:30～16:30(入館は16:00まで)

休 年末年始、工場休業日

¥ 無料

JR小淵沢駅から車で10分

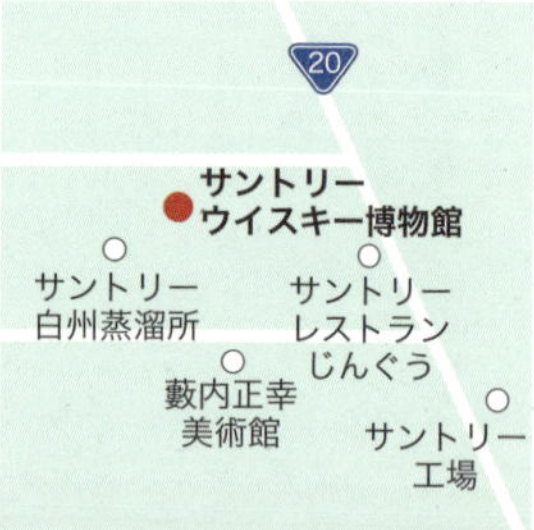

琥珀に閉じ込められた小宇宙に歴史ロマンを感じる

久慈琥珀博物館

くじこはくはくぶつかん

岩手県久慈市

国内では唯一の琥珀専門博物館。古くから国内最大の琥珀産地として知られている久慈地方の琥珀は、中生代白亜紀後期というまさに恐竜時代に属するもので、琥珀のなかから昆虫化石が発見されることもあります。館の周辺には1918(大正7)年頃まで琥珀採掘を行っていた坑道や遊歩道もあり、四季折々の風景も楽しめます。

世界最大の琥珀製モザイク画「黄金の華・金色堂」。

アリが入った琥珀。ドミニカ産。

学芸員のイチオシコーナー

太古の夢を掘り出す 琥珀採掘体験

琥珀とは太古の樹木の樹脂が化石化したもの。

館内では琥珀の成り立ちやその魅力を、学び感じることができます。体験教室も豊富に用意していますが、なかでもおすすめなのが琥珀採掘体験教室です。実際の白亜紀の地層から琥珀を掘り出す本格的な体験で、会場の採掘場からは琥珀のみならず恐竜の化石が見つかったこともあります。日本でここでしかできない体験です。

※採掘体験は毎年4～11月。

お出かけDATA

〒028-0071
岩手県久慈市小久慈町19-156-133

☎ 0194-59-3831

9:00～17:00(入館は16:30まで)

休 年末年始、2月末日

¥ 大人500円、小学生・中学生200円

JR久慈駅からバスで琥珀博物館入口・森前下車 ※バス停からの送迎あり(要予約)

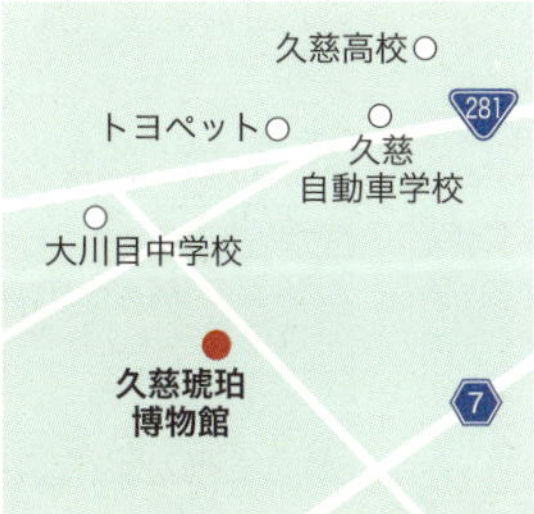

香り高いコーヒー文化を楽しむ

UCCコーヒー博物館

ゆーしーしーこーひーはくぶつかん

兵庫県神戸市

コーヒーの文化をひとりでも多くの方に伝えたいというUCC上島珈琲株式会社の創設者・故上島忠雄氏の永年の夢を実現するため、1987(昭和62)年10月1日(コーヒーの日)に開館しました。

展示では、意外に知られていないコーヒーの歴史や栽培、コーヒーの加工方法などを、人形や実物資料を使って紹介。またコーヒーをおいしく飲むためのいれ方やコーヒー器具、カップの紹介など、コーヒー好きにはうれしい内容です。

毎月開催されているコーヒーセミナー(定員制)では、ペーパードリップを使って家庭で簡単にコーヒーをいれるコツを実際に体験できます。

学芸員のイチオシコーナー

コーヒー鑑定士の職人技をご覧あれ!

品質確認の大切な役割を担うコーヒー鑑定士。コーヒー豆の味や香りをチェックし、コーヒーの味をきき分けます。なかでも「カッピング」という作業は独特で、鑑定士が感覚を研ぎ澄まし、コーヒーの織りなす味わいを細やかにとらえる様子は印象的。コーヒーの鑑定作業を等身大の人形と、映像で紹介しており、コーヒーのおいしさを決めるのは、人の味覚だ、と実感できる展示です。

お出かけDATA

〒650-0046
兵庫県神戸市中央区港島中町6-6-2

078-302-8880

10:00～17:00(入館は16:30まで)

休 月曜日(祝日の場合は開館、翌日休館)、祝日の翌日、年末年始

¥ 大人210円、小学生・中学生100円

ポートライナー南公園駅から徒歩1分

マイセンのカップ。取っ手のないカップと深皿に、伊万里焼の影響が見える。

和洋のコーヒーカップが並ぶ。なかには口ひげの人専用のカップもある。世界でも有名な喫茶店のメニューやカップを紹介するコーナーも。

コーヒー豆が実る南・北緯25度の世界を地球儀で示している。

ミュージアムショップで買いたいオリジナルグッズ

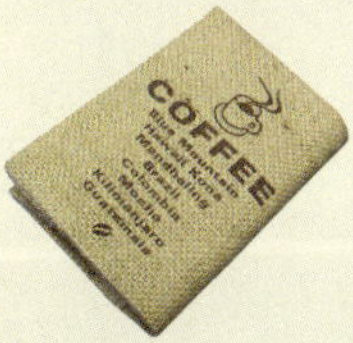

オリジナルブックカバー
600円(税込)

コーヒーを詰める麻袋にちなんだブックカバー。文庫本サイズ。

得 ミニ知識

世界初の缶コーヒー誕生

現在では、甘さ、苦みなどが多様に楽しめる缶コーヒー。この缶コーヒーが製品として販売されたのはおよそ40年前の1969(昭和44)年のこと。

世界で初めてUCCから、「UCC COFFEE Milk & Coffee」が1本70円で発売されました。当初はなかなか売れませんでしたが、翌70年の大阪万博会場で販売すると一気に火がつき、爆発的に全国に広がっていきました。

世界でただひとつの寄生虫専門博物館

目黒寄生虫館

めぐろきせいちゅうかん

東京都目黒区

目黒寄生虫館は医学博士・亀谷了氏（１９０９〜２００２年）が投入した私財によって設立・運営されている研究機関です。１９５３（昭和28）年に開館されて以降、年間５万人ほどが訪れているという人気の博物館でもあります。多くの実物標本や世界各地の寄生虫の写真などからは、寄生虫が私たちにとって身近な存在であることに驚かされるでしょう。なかでも、実際に人体に寄生していた８・８ｍのサナダムシは圧巻。

　子どもから大学生を中心に、丁寧に資料を見ている来館者の姿が多いのも、目黒寄生虫館の大きな特徴のひとつです。

学芸員のイチオシコーナー

日本海裂頭条虫《にほんかいれっとうじょうちゅう》の標本

ひとくちにサナダムシといってもいろいろな種類がありますが、なかでもマスを生で食べることで感染する日本海裂頭条虫は代表的なサナダムシのひとつです。当館の標本は８・８ｍの長さを誇ります。標本の隣には同じ長さの紐がありますので、ぜひ体感してください。標本を見てから紐に手を伸ばし、改めてその迫力に驚く方も多くいます。自分の身長と比べたり、記念写真を撮ったり、お腹のなかに入っている様子を想像したり……、来館者のリアクションもさまざまです。

お出かけDATA

〒153-0064 東京都目黒区下目黒4-1-1
03-3716-1264
10：00〜17：00
休 月曜日（祝・祭日は開館し、直近の平日に休館）、年末年始
¥ 無料（募金制）
JR・東急目黒線目黒駅から徒歩15分、地下鉄南北線・都営三田線目黒駅から徒歩15分、目黒駅からバスで大鳥神社前下車すぐ

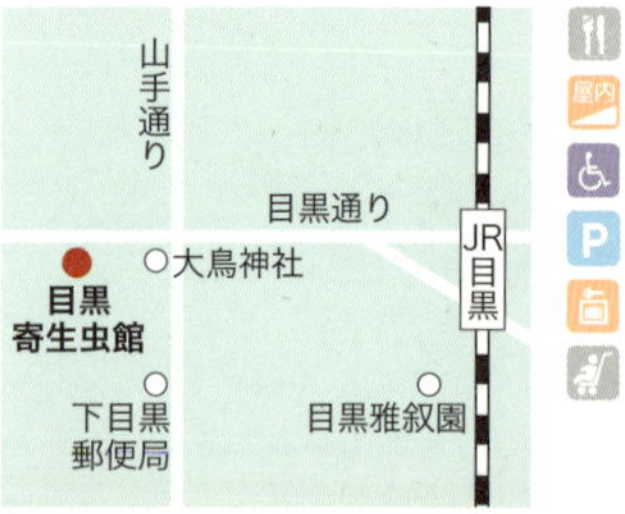

整然と並べられた寄生虫の標本はそれだけで見ごたえ十分。

1階展示室。寄生虫の生態や日本での分布などがわかりやすく説明されている。

ミュージアムショップで買いたいオリジナルグッズ

寄生虫キーホルダー
アニサキス／ニベリン条虫　各1,260円(税込)

本物の寄生虫を封入したキーホルダー。なかの寄生虫は館で採取されたもので、目黒寄生虫館でしか買えないグッズ。虫もそれぞれ太さや形が少しずつ違います。お気に入りの一品を見つけてください。

得 ミニ知識

寄生虫ってこんなにいるの？

寄生虫(寄生動物)は生涯あるいは一時期、他種動物(宿主)の体表や体内に取りついて宿主から食べ物を横取りして生活をしています。そのため、寄生虫の多くは取りついた宿主にできるだけ長く寄生していたいため、宿主を殺すことは通常はありません。私たちが寄生虫の姿を目にすることは少ないですが、その種類は現在全動物種の6%、7万種におよぶといわれています。人につく寄生虫は世界中で200種、日本でも100種が報告されています。

筆記具の歴史を知る

ペン・ステーション

ぺん・すてーしょん

東京都中央区

1918（大正7）年、並木良輔氏が株式会社並木製作所を設立して万年筆の製造販売を開始。以来、高品質の万年筆をつくり続けている株式会社パイロットコーポレーションが、約90年をかけて収集した貴重な筆記具を中心に展示。古代の尖筆（スティルス）から、中世の鵞《が》ペン、そして近代の金属ペンにいたるまで、筆記具の歴史をたどることができます。

1918年につくられた初の純国産万年筆も展示しています。

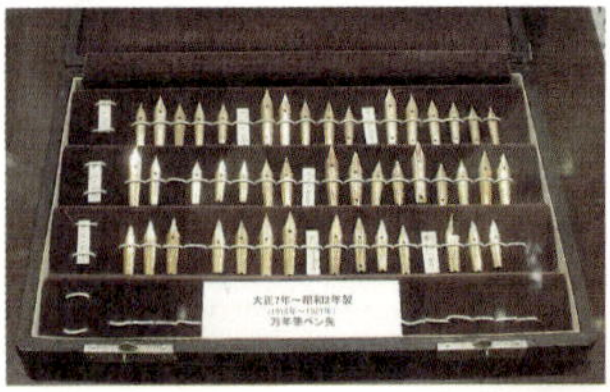

並木製作所創業時の1918年から1927（昭和2）年までのペン先は一見の価値あり。

ペン先やインキ保存の仕組みなどを解説。

イチオシコーナー

大正時代からの技術を引き継いだ蒔《ま》絵《え》万年筆

蒔絵万年筆は大正時代からつくられている非常に芸術性の高い実用品です。蒔絵万年筆のコーナーはペン・ステーションでも人気の的。なかでも、マニアにとって憧れともいえる、イギリスのダンヒル社と並木製作所のコラボレーションによる蒔絵万年筆「ダンヒル・ナミキ」は一番人気。

蒔絵万年筆は外国人の方々にも喜ばれています。

お出かけDATA

- 〒104-0031 東京都中央区京橋2-6-21
- 03-3538-3840
- 月～金曜日9:30～17:00、土曜日11:00～17:00
- 休 日、祝日、年末年始、夏季休業期間等
- ¥ 無料
- 地下鉄銀座線京橋駅から徒歩1分、都営浅草線宝町駅から徒歩3分、JR東京駅八重洲口から徒歩8分

大人も楽しい
乗り物
博物館

電車に手を振った頃を思い出し、3世代で楽しめる

鉄道博物館

てつどうはくぶつかん

埼玉県さいたま市

JR東日本の創立20周年プロジェクトとして、東京・神田で70年間親しまれてきた交通博物館に代わり、2007(平成19)年に車両解体場であったこの地に開館。

実物展示をメインとした「ヒストリーゾーン」には、国指定重要文化財(鉄道記念物)の「1号機関車(150形式)」や御料車が勢ぞろい。また、模型鉄道ジオラマは国内最大級で、再現された風景や建物などのなかを模型鉄道が縦横無尽に走り回る姿には子どもも大人もくぎづけ。ほかにも、実物の車両の運転台をそのまま使用した運転シミュレータ、1周約300mの軌道を運転できるミニ車両など、童心にかえって楽しむことができます。

2階の「ラーニングホール」。

横幅約25m、奥行き約8mの地形模型にHOゲージの鉄道模型を敷設したジオラマ。HOゲージでは日本最大。

お出かけDATA

- 〒330-0852 埼玉県さいたま市大宮区大成町3-47
- ☎ 048-651-0088
- 10:00〜18:00(入館は17:30まで)
- 休 火曜日、年末年始
- ¥ 一般1000円、小学生・中学生・高校生500円、3歳以上の未就学児200円
- JR大宮駅からニューシャトル鉄道博物館駅下車徒歩1分

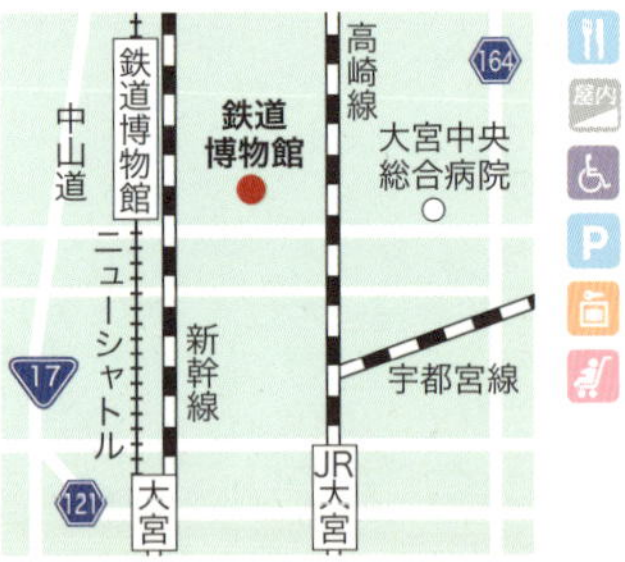

博物館のイチオシコーナー

明治期の蒸気機関車から新幹線まで36両が並ぶ「ヒストリーゾーン」

日本の鉄道がスタートした明治時代初期から現代までの鉄道の歴史や技術の変遷などについて、御料車6両を含む鉄道36両の実物車両を、当時の鉄道風景を資料や写真をもとに再現した「情景再現」で紹介する「ヒストリーゾーン」は、まるで時間旅行をしているような錯覚にとらわれる空間です。昭和40年代の上野駅のホームを再現した場所などもあり、小さな子どもだけでなく、シニアからも人気を博している展示ゾーンとなっています。

ミュージアムショップで買いたいオリジナルグッズ

石炭あられ　630円(税込)
燃える石炭あられ　630円(税込)

昭和を駆け抜けた蒸気機関車のパワーの源、石炭にそっくりのあられと、SLのなかで赤々と燃える石炭をイメージしたあられです。

イギリス生まれの1号機関車

得 ミニ知識

18世紀後半に産業革命によって蒸気機関の動力が発明されて以来、欧米を中心に鉄道の研究が進みました。1825年にイギリスで世界初の商用鉄道が敷かれ、1872(明治5)年には日本最初の鉄道が新橋・横浜間で開業。当時、日本では蒸気機関車を製造することはできなかったため、車両などのすべてをイギリスから輸入。開業にあわせて10両の蒸気機関車が用意されました。このうちの1両が、博物館に展示されている「1号機関車」です。8年後には新型車両が登場したため、その後1号機関車は、改造が加えられながら大阪や長崎などに払い下げされて運用されていました。

懐かしい顔、憧れの顔に出会える

日本自動車博物館

にほんじどうしゃはくぶつかん

石川県小松市

3階までの1万2000m²のスペースに、1901(明治34)年から昭和50年代までの国内外の車、約500台を展示。その数は国内最大で、ほとんどがエンジンのかかる状態で保存されています。フロアはメーカーごと、あるいはテーマごとに分かれており、「ダイハツの街」ではダイハツミゼット、ダイハツシャレードが、「コニーの街」ではコニーグッピーが顔をそろえています。

このほか、「ワーゲン・モーリスの街」「オースチンの街」「日産の広場」など全部で35のコーナーは見飽きることがありません。

昭和16年型「くろがね四起」。

博物館のイチオシコーナー

ぜひ使ってみたい世界のトイレ

入館者が車と共に楽しんでいるのがトイレ。「世界のトイレ博物館」といわれるほど便器の数は充実しています。

1階から3階の各フロアに、アメリカ、フランス、ドイツ、スペイン、ベトナム、フィンランドなど15カ国、計40個の便器を設置。1階のみ実際に使用することができます。写真のライオンの形をした便器はオーストラリアのもの。人気の便器です。

お出かけDATA

- 〒923-0345 石川県小松市二ツ梨町一貫山40
- 0761-43-4343
- 9:00〜17:00(入館は16:30まで)
- 休 水曜日(祝日または振替休日の場合は開館)、年末
- ¥ 大人1000円、小学生・中学生500円 ※シニア割引あり(証明書が必要)
- JR粟津駅から車で10分

※喫茶室は土・日曜日、祝日のみ営業。

1962（昭和37）年に発売された「スカイライン・スポーツ」。つり目4灯ヘッドライトが特徴。当時としては非常に高価で、製造台数は約60台。

日本に輸入された自動車の第１号といわれているのが、この蒸気自動車「ロコモービル」（1901年型）。

旧東ドイツで1958年から1991年まで生産されていた小型乗用車「トラバント」。〝ボール紙のボディの車〟として日本でも話題になった。

ミュージアムショップで買いたいオリジナルグッズ

キラキラクルマ・ストラップ
1個1,050円（税込）

創立30周年記念につくられたシルバータイプのストラップ。カラーの石が入ったものとクリアなものの２種類があります。

得 ミニ知識

永遠の憧れ「フェアレディ」

日本を代表する輸出品といえば車ですが、輸出車専用として日本で最初につくられたのが「ダットサン・フェアレディ 1200SPL212」です。1960（昭和35）年に発表されたこの車は、当然左ハンドルのオープン。今もマニアにとって憧れの車です。フェアレディの名は、当時の社長・川又克二氏がブロードウェイで見て感動したミュージカル「マイ・フェア・レディ」から命名されたといわれています。当初は「フェアレデー」と命名されました。

日本自動車博物館には、「ダットサン・フェアレディ 1200SPL213」が展示されています。

華やかで気品ある車の姿に魅了される

那須クラシックカー博物館

なすくらしっくかーはくぶつかん

栃木県那須郡

航空機の格納庫を思わせる建物は、「ＩＲＯＮ　ＤＯＭＥ」の愛称で親しまれています。開放感のある空間には、１９３０(昭和５)年の世界スピード記録保持車「ＭＧ-ＥＸ１２０」をはじめ、世界で最も美しいといわれるジャガーＥタイプ、ポルシェ３５６など、時代を代表するスポーツカーが悠然と並びます。なかでも１９０１(明治34)年に製造されたフランスの「ド・ディオン・ブートン」は、オープンタイプの馬車風で、この車がどんな景色を走ってきたか想像をめぐらすのも楽しいでしょう。

ミュージアムショップでは、精巧なモデルカーやミニカーをはじめ、ポストカードやＵＳＥＤプレート、輸入雑貨などクラシックカーを楽しむためのアイテムがそろっています。

往年の名車がずらりと並ぶ館内。乗って、触って、写真も撮れる。

お出かけDATA

〒325-0304
栃木県那須郡那須町高久甲5705

0287-62-6662

4～9月9：00～18：00、10～3月9：30～17：00(いずれも入館は閉館の20分前まで)

休 無休

¥ 大人1000円、小学生・中学生・高校生600円

東北新幹線那須塩原駅・JR黒磯駅からバスで田代小前下車徒歩７分

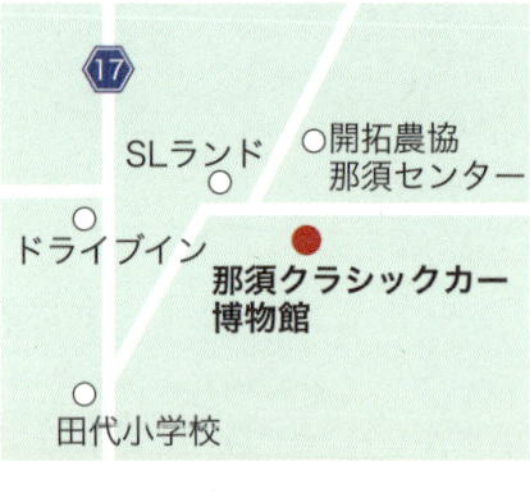

学芸員のイチオシコーナー

『スピードレーサー』のマッハ5は日本に1台

ハリウッド映画『スピードレーサー』のキャンペーン用に、世界で10台限定生産されたデモンストレーションカーが展示されています。『スピードレーサー』は『マトリックス』シリーズの監督であるウォシャウスキー兄弟が監督・脚本を手がけた実写アクションで、原作は日本のテレビアニメ『マッハＧＯＧＯＧＯ』。展示しているマッハ５は撮影で使われた車とまったく同じようにつくられたものです。もちろん、日本にあるのはここだけ。

ベントレー、ロールスロイス、ジャガーマークⅡ、ベンツが並ぶ。

車に関するグッズが豊富にそろうミュージアムショップ。

1930年に750ccクラスでの世界スピード記録を打ち立てた「MG-EX120」。

フランス最古の自動車メーカー、ド・ディオン・ブートン

得 ミニ知識

博物館にもその車が展示されているド・ディオン・ブートン社は、フランスの老舗メーカーのひとつで、1883年から蒸気自動車の生産を行っていました。1895年からガソリン自動車の生産を開始させましたが、当初は自転車から発想を得た、ひとり乗り三輪車という、今から考えると風変わりなものでした。また、ド・ディオン・ブートン社の創始者であり設計者のド・ディオン伯爵は「ド・ディオン・アクスル」と呼ばれる自動車の車軸方式を考案。これは1930～1950年代のレーシングカーや高級スポーツカーだけではなく、日本でもいくつかの車種に採用されました。

世界に挑んだスピリットに触れる

Honda Collection Hall

ほんだこれくしょんほーる

栃木県芳賀郡

国際的なモーターレースが行われる「ツインリンクもてぎ」の広大な敷地内に、ホンダコレクションホールはあります。

ここでは、収集・復元した二輪、四輪、そしてレーシングマシンなど約350台を展示。「人に役立つものを創ろう」「世界の頂点を目指そう」というホンダスピリットを展示テーマにし、ホンダのものづくりの歩みや、モータースポーツへ挑戦し続ける足跡を紹介しています。

また、1885年にドイツのゴットリープ・ダイムラーが製作した、内燃機関を搭載した世界初の二輪車は必見。これは転倒防止補助車輪がついた走行実験車で、木製フレームで製作されたものを再現して展示しています。

博物館のイチオシコーナー

創業前のヒット商品「自転車用補助エンジン」

本田技研工業株式会社創立の2年前、本田宗一郎は戦後放出された旧軍用無線機の電源エンジンを改造し、自転車用補助エンジンを製造しました。戦後間もない当時はガソリンの入手もままならない状況でしたが、使い勝手のよさと経済性から、1年を待たずして約500基が市場に送り出されました。

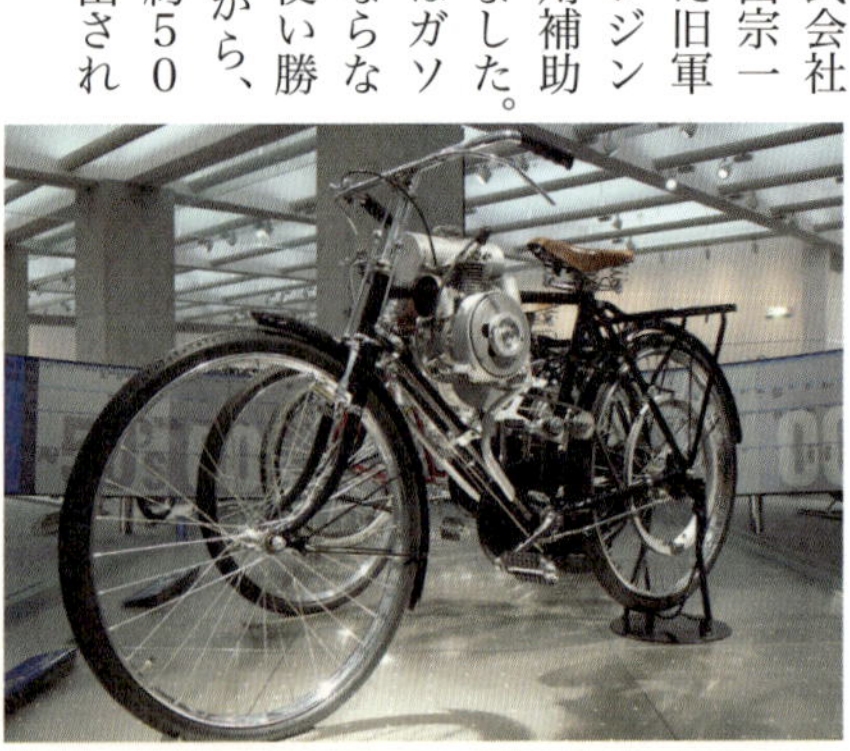

お出かけDATA

- 〒321-3597 栃木県芳賀郡茂木町桧山120-1　ツインリンクもてぎ内
- 0285-64-0341
- 9:30～17:30（季節とイベント開催等により変動）
- 休 無休
- ¥ 無料　※ツインリンクもてぎへの入場に際しては別途料金が必要。大人（15歳以上）1200円、子ども（小・中学生、6歳～15歳未満）500円、幼児（3歳～6歳未満）300円
- JR宇都宮駅からバスで90分、北関東自動車道宇都宮上三川ICから70分

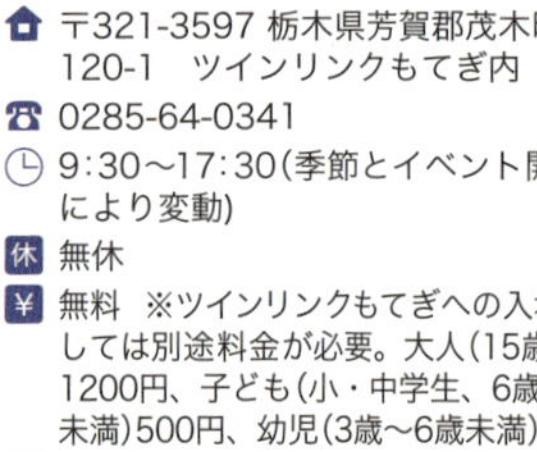

Hondaの原点ともいえる二輪車を展示した２階フロア。

ツインリンクもてぎ入場ゲートで販売しているチケット。ポストカードとしても使える。大人、子ども、幼児で絵柄は数種類ある（選ぶことはできない）。

1965（昭和40）年、F1最終戦メキシコグランプリで初優勝を飾ったレーシングマシン。

ミュージアムショップで買いたいオリジナルグッズ

オリジナルTシャツ（ウィングマーク/Super Cub）

各3,000円（税込）

1カ月で50枚ほど売れている人気商品です。XS～XLの５サイズがあり、性別を問わず着ることができます。

得 ミニ知識

自らもレースに参加。ものづくりを体現した本田宗一郎

Hondaの創業者として世界的に知られる本田宗一郎氏（1906～1991年）は、高等小学校卒業後、都内の自動車修理工場で働き始めます。1936（昭和11）年には多摩川スピードウェイで行われた第1回全国自動車競走大会に弟と共に自製の「浜松号」で参戦。この時は事故によりリタイアしましたが、1959（昭和34）年からHonda製オートバイで国際レースに参加。1964（昭和39）年からは自動車レースの最高峰フォーミュラ1（F1）にも参加するなど、世界の舞台に挑戦し続ける姿勢を生涯貫きました。

身近な車の知識を家族で深める

トヨタ博物館

とよたはくぶつかん

愛知県愛知郡

1908年にアメリカのフォードによって安価なガソリン自動車が開発されてから100余年。その自動車文明の業績を、世界中から収集、保存し、体系的に紹介するため1989(平成元)年に開館。

ガソリン自動車が誕生した19世紀末から20世紀の自動車の歴史を中心に、国内外の車約120台を展示。その後、1999(平成11)年にトヨタ博物館開館10周年を記念してオープンした新館では、日本のモータリゼーションの歴史を人の暮らしと生活文化との関連でとらえた展示をしています。1階には「キッズ・ガレージ」として木のおもちゃ、パソコンゲームなどで子どもたちが遊びながら学べるコーナーも設置されており、家族連れで賑わう声が絶えません。

学芸員のイチオシコーナー

部品を輸入して日本で組み立てた「日本製外国車」

第二次世界大戦後、日本では短期間で国際競争力を得ようと外国のメーカーと技術提携し、乗用車の設計・生産技術を学ぶことが奨励されました。下の3台は部品で輸入され、日本のメーカーによって組み立てられたものです。左から「日野ルノー」「いすゞヒルマンミンクス」「ニッサンオースチン」。これら3社は4年以内に完全国産化*を達成すると共に、部品メーカーの育成にも大きな成果を上げ、その後、自社開発の車種を誕生させました。

*部品を日本製にすること。

お出かけDATA

- 〒480-1131 愛知県愛知郡長久手町大字長湫字横道41-100
- 0561-63-5151
- 9:30～17:00(入館は16:30まで)
- 休 月曜日(祝日または振替休日の場合は翌火曜日に休館)、年末年始
- ¥ 大人1000円、65歳以上500円、中学生・高校生600円、小学生400円
- リニモ芸大通駅から徒歩5分。東名高速名古屋ICから4km、名古屋瀬戸道路長久手ICから0.4km

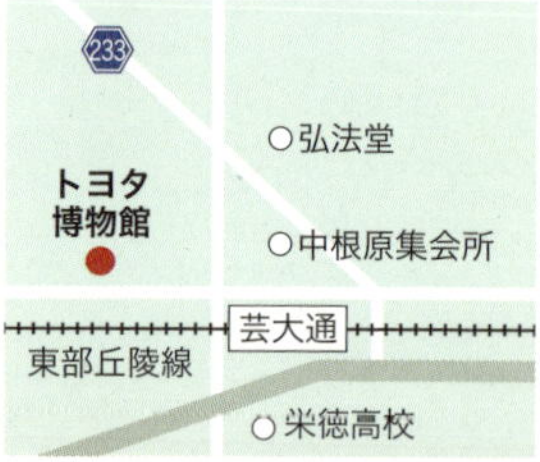

欧米車を展示する本館2階展示室。「パイオニアの時代」から「ステイタスをのせた豪華な車」まで5つのコーナーに分かれている。

日本車を展示する本館3階展示室。

1936(昭和11)年に発売されたトヨタ自動車初の乗用車「トヨダAA型乗用車」。当時流行していた流線型のデザインをいち早く取り入れている。

ミュージアムショップで買いたいオリジナルグッズ

オリジナルアットカー　各630円(税込)

アットカーとは、プルバック式のミニカーのこと。「トヨタ2000GT」「初代カローラ」「トヨタスポーツ800」「カローラレビンAE86」「プリウス」「ノア」「エスティマ」など種類も豊富。

得 ミニ知識

3つの世界記録をつくった「トヨタ2000GT」

海外の映画に登場した日本車のなかでも、特に有名なのが『007は二度死ぬ』(1967年)のボンドカーを務めた「トヨタ2000GT」。1967(昭和42)年から3年3カ月の間に、国内向け200余台、海外向け約100台が生産されました。1966(昭和41)年の第3回日本グランプリでは3位でゴール。その後、スピードトライアルに挑戦して78時間におよぶ走行中、3つの世界記録を樹立しました。まさに憧れのスポーツカーだったのです。

空への憧れに手が届く！

かかみがはら航空宇宙科学博物館

かかみがはらこうくううちゅうかがくはくぶつかん

岐阜県各務原市

〝航空機産業と飛行実験の街〟といわれる各務原の敷地総面積約6・3haの広大な土地のなかにある博物館。日本の航空宇宙技術者が、何にチャレンジし、何を残してきたか、それがこの博物館のテーマです。

ウエルカムハウスでは、日本の航空機産業の草分けであり、各務原飛行場で誕生した第1号機の「サルムソン2A-2」（復元機）が来館者を迎えてくれます。テーマハウスでは、飛行機やロケット、宇宙船などの原理や仕組みをさまざまな模型、映像、実験装置などで紹介。

紙飛行機をつくったり、ジェット機やヘリコプター操縦のシミュレーションができる体験学習など充実したプログラムがそろっているのも飛行機好き、科学好きには魅力です。

学芸員のイチオシコーナー

木製布張り「サルムソン」は各務原飛行場の第1号機

博物館に入るとすぐ目の前に乙式一型偵察機「サルムソン2A-2」(復元機)が展示してあります。この飛行機は大正時代に日本で最も多く使用された飛行機です。現存する最古の飛行場である各務原飛行場が開設されてから最初に生産された当機は木製布張り。金属製の飛行機を見慣れた現代人にとっては新鮮に映ります。同じ展示室では戦前・戦中の日本の飛行機や技術者を紹介していて日本の初期の航空史を知ることができます。

お出かけDATA

- 〒504-0924 岐阜県各務原市下切町5-1
- 058-386-8500
- 9:30〜16:30(入館は16:00まで)
※夏季と冬季には閉館時間の変更あり
- 休 火曜日(祝日または振替休日の場合は翌水曜日に休館)、年末年始
- ¥ 大人800円、60歳以上500円、高校生500円、小学生・中学生300円
- 名鉄各務原線各務原市役所前駅からふれあいバスで航空宇宙科学博物館前下車

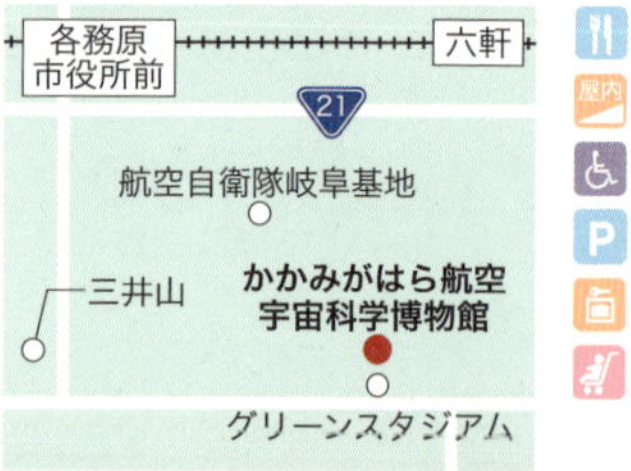

NASAが2003年に打ち上げた火星探査車の実物大複製車。当時、探査車で撮影された火星表面の写真パネルも展示。

アメリカのヒューズ社が生んだ小型ヘリコプターの傑作「OH-6小型観測ヘリコプター」。陸上自衛隊や海上保安庁でも使われている。

1985（昭和60）年に初飛行した低騒音STOL実験機「飛鳥」。STOLとは、短い距離で離陸や着陸ができるという意味で、飛鳥はその実験機としてつくられた。

陸軍の日野熊蔵大尉がドイツから持ち帰った「ハンス・グラーデ単葉機」（レプリカ）。徳川好敏大尉の「アンリ・ファルマン機」に続いて同じ日に代々木で飛行した。

ミュージアムショップで買いたいオリジナルグッズ

ブルーインパルスパンフレット
1,500円（税込）

飛行機せんべい　8枚入り350円（税込）

「飛鳥」ワッペン　840円（税込）

子ども向けから大人向けまで、飛行機に関するあらゆるグッズが並ぶショップで人気の3点。

得 ミニ知識

日本初のパイロットは最後の将軍・徳川慶喜の近縁

飛行機の発明者であり、世界初の有人動力飛行に成功した人物といえばアメリカのライト兄弟。兄弟は自転車屋をしながら研究を続け、1903年に偉業を成し遂げました。日本では、7年後の1910（明治43）年、現在の代々木公園で行われた、陸軍公式の飛行試験で、徳川好敏陸軍大尉がフランス製の「アンリ・ファルマン機」に乗り、日本人として初の飛行に成功。当時の記録は、高度70m、距離3000m、時間にして約3分間でした。徳川は、初飛行の成功により一躍日本のヒーローとなり、現在では、代々木公園に日本初飛行離陸の地として記念碑と共に銅像が設置されています。

見て、乗って楽しむ博物館

自転車博物館 サイクルセンター

じてんしゃはくぶつかん さいくるせんたー

大阪府堺市

堺の地場産業のひとつである自転車の部品メーカーが財団を立ち上げ1992(平成4)年4月に開館した博物館。2階では最古の自転車から最新のオリンピック出場車まで、自転車発展の歴史の流れにそって約50台を展示。自転車の美しさに驚かされます。3階の自転車の仕組みを知るコーナーでは、ブレーキや変速の仕組みを実際に体験して学べます。身近な自転車に隠された技術に感動することでしょう。

隣接する大仙公園にある「自転車ひろば」では、クラシック自転車23台のレプリカに乗ることもできます。

自転車に乗れない人を対象に週末に開催している「自転車乗り方教室」には、年間約1700人が参加。

自転車から多くのことを学べる施設として人気です。

学芸員のイチオシコーナー

自転車の発展の歴史が24台の実物でわかる

当館は自転車産業の町・堺にある、日本で唯一の自転車専門博物館です。

エントランスでは自転車の誕生とその発展の歴史を実際に走る映像として上映し、自転車の歴史コーナーでは自転車が5つの段階を経て、どのように発展を遂げたかが実物展示されています。このコレクションは世界でも指折りのもので、展示室中央に並んだ24台の初期から最新式までの自転車の進化の道をたどる展示は圧巻です。

お出かけDATA

〒590-0801
大阪府堺市堺区大仙中町18-2

072-243-3196

10:00～16:30(入館は16:00まで)

休 月曜日(祝日または振替休日の場合は開館)、祝日・振替休日の翌日、年末年始

¥ 大人300円、中学生・高校生200円、3歳以上・小学生・65歳以上100円

JR百舌鳥駅から徒歩10分

3階展示室ではさまざまな自転車の楽しみ方を提案。

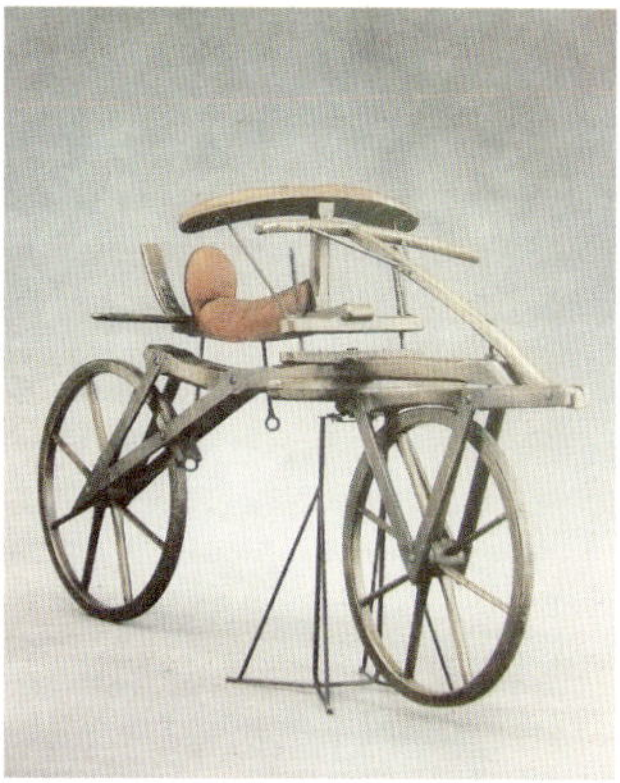

またがって、足で地面を蹴って走る世界最古の自転車「ドライジーネ」(レプリカ)。

2階の「堺のあゆみコーナー」では堺の鍛冶技術の歩みを展示。

ミュージアムショップで買いたいオリジナルグッズ

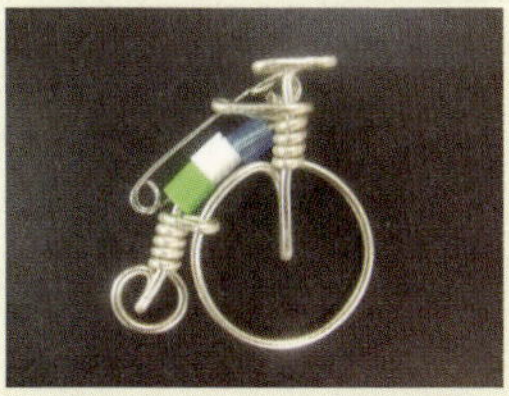

だるま車ピン　500円(税込)

19世紀の終わり頃につくられた「だるま車」を模したピン。だるま車はもともと「ペニー・ファージング」と呼ばれ、イギリスの中流階級の男性に愛用されていました。

得 ミニ知識

自転車はいつ頃誕生したの?

自転車がいつ頃発明されたのか、明確ではありませんが、ドイツの「ドライジーネ」と呼ばれる乗り物が、実際に製作されたことが確認できる最初の二輪車とされています。

これは、1818年にドイツのカール・フォン・ドライスによって特許が取得された木製の乗り物で、前輪の向きを変えることができるハンドルと、前後同じ直径のふたつの車輪を備えています。現在のようなペダルやチェーンはなく、足で直接地面を蹴って走っていました。

当時、37kmを2時間半で走ったといわれています。

豪華な船旅をしているような気分を満喫

日本郵船歴史博物館

にっぽんゆうせんれきしはくぶつかん

神奈川県横浜市

手前が「浅間丸」、後ろに見えるのが「鎌倉丸」。

〝太平洋の女王〟と呼ばれた豪華客船「浅間丸」のディナーを再現したコーナー。

1885(明治18)年、日本郵船が誕生。その120年以上の歴史を表す映像や資料が公開されています。

常設展では、近代日本海運の黎明期から今日にいたるまでを、日本郵船の社史を通して紹介。〝太平洋の女王〟と呼ばれた「浅間丸」、客船パンフレット、美しい絵葉書など、さまざまな資料から船の歴史を垣間見ることができます。

学芸員のイチオシコーナー

グラフィックパネルに残る懐かしい船

日本の興国を目指し、海運の発展に努めた先人たちの情熱、そして花開いた大正から昭和初期の豪華客船時代。その華やかな歴史に影を落とした戦争を経て、復興後には日本の高度経済成長期を支え今日にいたる日本郵船の歴史はまさに日本の近・現代史と重なります。明治時代にヨーロッパと日本の間を往来していた豪華船の内観が写る当時の写真集や、太平洋戦争では185隻もの船が戦禍を被り沈没したことを表すグラフィックパネルなどを、じっくりご覧ください。

お出かけDATA

- 〒231-0002 神奈川県横浜市中区海岸通3-9
- 045-211-1923
- 10:00～17:00(入館は16:30まで)
- 休 月曜日(祝日の場合は翌平日に休館)、年末年始
- ¥ 一般500円、70歳以上・中学生・高校生300円、小学生以下は無料
- みなとみらい線馬車道駅から徒歩2分、JR関内駅から徒歩8分

歴史好きには
たまらない
博物館

神々が集う出雲のロマンが息づく

島根県立
古代出雲歴史博物館

しまねけんりつこだいいずもれきしはくぶつかん

島根県出雲市

　神の国、神話の国と称される出雲。大《おお》国《くに》主《ぬしの》大《おお》神《かみ》(＝だいこくさま)を祀る出雲大社に隣接。２００７(平成19)年3月に誕生しました。常設展示室では約３８００点の資料をもとに、島根の人々の生活・文化、出雲大社と神々の国のまつりなどが展示されています。なかでも、平安時代の出雲大社本殿を再現した縮尺10分の1模型は現在の出雲大社からは想像できない、歴史のロマンを感じさせてくれます。

　また、「神話シアター」の映像からは、『古事記』や『日本書紀』などに書かれた、出雲を舞台とした神話や島根に伝わる神話など、出雲の世界がいきいきと伝わってきます。

「馬上の大首長像」。上《かみ》塩《えん》冶《や》築《つき》山《やま》古《こ》墳《ふん》出土品を参考につくられた馬にまたがる首長の実物大の模型。

お出かけDATA

- 〒699-0701 島根県出雲市大社町杵築東99-4
- ☎ 0853-53-8600
- 3～10月9:00～18:00、11～2月9:00～17:00(いずれも入館は閉館の30分前まで)
- 休 毎月第3火曜日(祝日または振替休日の場合は翌水曜日に休館)、年末年始
- ¥ 一般600円、大学生400円、小学生・中学生・高校生200円
- 一畑電車出雲大社前駅から徒歩7分

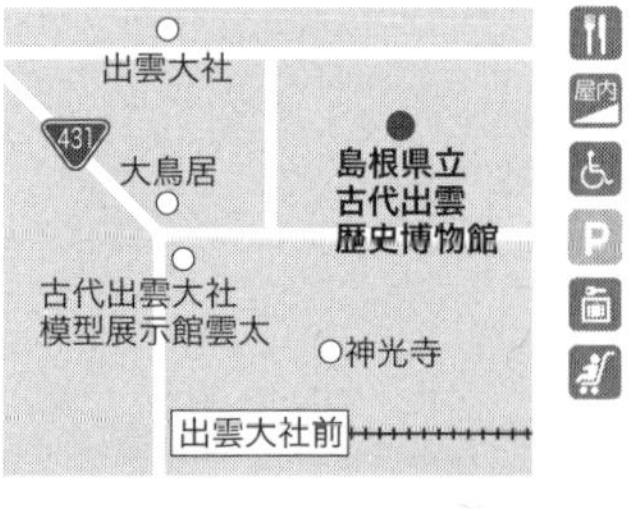

10世紀にあったという学説に基づいてつくられた出雲大社本殿の10分の1の縮尺模型。学説によれば、高さ16丈（約48m）という日本一大きな本殿で、中心の柱（心御柱《しんのみはしら》）の直径は約3.6m、階段の長さは約109mだったという。

学芸員のイチオシコーナー

銅剣、銅矛、銅鐸全部で419個。すべて国宝！

見どころは展示すべて！　といいたいのですが、あえてあげれば、やはり荒神谷《こうじんだに》遺跡《いせき》と加茂《かも》岩倉《いわくら》遺跡《いせき》から出土した青銅器群でしょうか。まずはその数です。荒神谷の銅剣358本、銅矛16本、銅鐸6個、加茂岩倉の銅鐸39個（すべて国宝）。その本物すべてがテーマ別展示室「青銅器と金色の大刀」のコーナーに展示してあります。その圧倒的な迫力をご覧ください。

ミュージアムショップで買いたいオリジナルグッズ

ななめメモ　各420円（税込）

斜めに切られた部分に出雲大社などが印刷されています。このイラストは、最後の１枚になるまで消えません。どんな仕組みかはミュージアムショップで確かめて！

得　ミニ知識

天空にそびえ立った出雲大社

出雲大社は『古事記』や『日本書紀』にも登場するほど、古くから日本の歴史に登場する神社です。

その創建は「国譲り」の神話として知られていますが、これは大国主大神が出雲の国（葦原中国）を天つ神（高天原にいる天照大神ら皇祖人）に譲るにあたり、大きな神社を建てることを条件としたため、天つ神の命により出雲大社がつくられたというものです。巨大な社は天に向かって立てられた柱の上に建つという変わった形で、その高さは48ｍとも96ｍとも伝えられており、博物館ではこの社を再現しています。本当にこのような形であったかどうかは、歴史の謎として今も研究の対象となっています。

海外から多くの人とモノが集まった魅力都市

長崎歴史文化博物館

ながさきれきしぶんかはくぶつかん

長崎県長崎市

長崎歴史文化博物館は海外交流史をテーマに、歴史的な建物でもある長崎奉行所を復元し、長崎独自の歴史を学ぶことができる博物館として、その役割を果たしています。開館は２００５(平成17)年。

収蔵品は、海外との交流を示す貴重な資料を中心に４万８０００余点。なかでも17世紀初期に描かれた「南蛮人来朝之図」の南蛮船入港の様子や海外から訪れた人々の様子などからは、当時の賑わいを知ることができます。このほか２００年もの間、長崎奉行所における裁判を記録した「犯科帳」や中国との交流を示す「信牌」(国指定重要文化財)など実物資料をはじめ、映像や模型も充実。復元された長崎奉行所のお白洲で、毎週末行われる寸劇は「犯科帳」をもとに構成されており、裁きの行方をはらはらしながら見学できる楽しいイベントです(「龍馬伝館」開設中は寸劇の内容が異なる)。

長崎奉行所立山役所正門。

お出かけDATA

- 〒850-0007　長崎県長崎市立山1-1-1
- ☎ 095-818-8366
- 8:30～19:00(入館は18:30まで)
- 休 毎月第3火曜日(祝日の場合は翌日)
- ¥ 大人600円、高校生400円 小・中学生300円
- らんらんバス長崎歴史文化博物館下車すぐ、路線バス桜町公園前下車徒歩3分、路面電車桜町下車徒歩5分、路面電車公会堂前下車徒歩7分、長崎自動車道長崎芒塚ICから10分

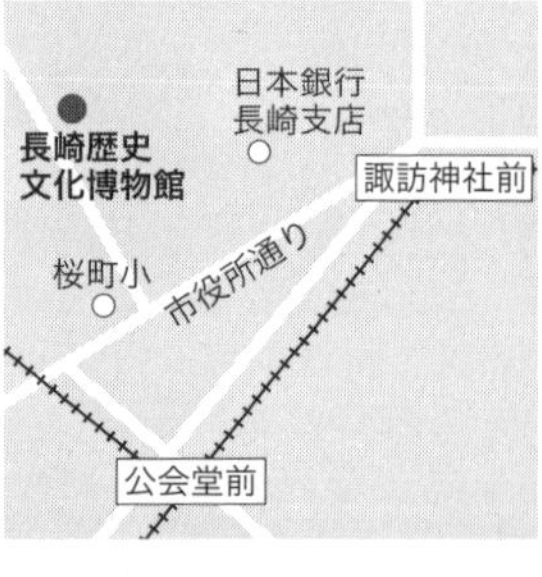

※2010年1月9日～2011年1月10日まで「長崎奉行所・龍馬伝館」開設のため
休 無休(企画展示室除く)
¥ 大人500円、小・中・高校生250円になります。常設展、龍馬伝館共に同料金。

学芸員のイチオシコーナー

長崎文化の奥深さを知る常設展示室の工芸品

常設の工芸展示室には、ヨーロッパや中国と結びつきをもった長崎独自の文化を感じさせる工芸品が展示室一面に収蔵されており、見ごたえたっぷりです。

ラクダや長崎港など、異国情緒あふれる長崎らしさいっぱいのモチーフを染付した「亀《かめ》山焼《やまやき》」、こっくりとしたチョコレート色の生地に刷毛目を生かしたどこか現代的な雰囲気をもつ「現川焼《うつつがわやき》」、万国博覧会にも出品され高く評価された、美しい白磁に細やかな細工が施された「平戸《ひらど》・三川内《みかわち》焼《やき》」、オランダ人のために醤油・酒を入れた瓶や日本人のお茶碗から青磁まで幅広い用途をもっていた「波佐見焼《はさみやき》」、長崎の祭礼「くんち」で用いられ、龍や獅子などを金糸等で立体的に表現した「長崎刺繍」、現在でも継承されている長崎の伝統工芸として名高い「鼈《べっ》甲細工《こうざいく》」による精巧な櫛や簪《かんざし》、黒い漆に彩色された鮑《あわび》貝が煌《きらめ》く、鎖国時代にヨーロッパに向けて輸出された豪華絢爛な「青貝細工《あおがいざいく》」。

このように、東西の文化が交差する作品を常時観覧することができます。

亀山焼「駱駝染付蘭文入盃」。

平戸・三川内焼「染付雲鶴虎文龍巻瓢形瓶」。

「青貝細工机キャビネット」。

ミュージアムショップで買いたいオリジナルグッズ

オリジナルトートバッグ
1,890円(税込)

南蛮人の衣装をデザインしたトートバッグは使いやすい形と大きさで、オープン以来男女を問わず人気ナンバーワン。

得 ミニ知識

人とモノが詰まっていた出島

長崎奉行所の管轄地には、鎖国時代に唯一西洋(オランダ)に門戸を開いていた「出島」があります。ここには海外の珍しい文化がまず初めに伝わり、ここから国内へ広がっていきました。たとえば、「ビリヤード」や「オペラ」などの娯楽。「キャベツ」や「パセリ」そして「トマト」といった食材なども最初に出島に伝わりました。また「ピアノ」は、出島のオランダ商館医として活躍したシーボルトが、1823(文政6)年に長崎に赴いた際に、持参したものでした。東京ドーム3分の1ほど(総面積約1万5000m²)の広さしかない出島には、多くの人とモノが行き交っていたのです。

ものづくり体験メニューも充実

埼玉県立
歴史と民俗の博物館

さいたまけんりつれきしとみんぞくのはくぶつかん

埼玉県さいたま市

歴史や民俗、美術を総合的に扱う博物館として、埼玉県立博物館と埼玉県立民俗文化センターが統合され、2006(平成18)年4月に誕生。国宝の太刀や短刀をはじめ、絵巻や屏風など11万余点の資料を収蔵しています。常設展示室のなかの歴史展示では、旧石器時代から現代までの流れを紹介。特に埼玉県内で数多く出土する「板碑《いたび》」の資料の豊富さには驚きます。常設展示室は毎月1回は展示替えが行われています。

ものづくり体験に力を入れているのもこの館の特徴。「ゆめ・体験ひろば」には、いつでも誰でも参加できるさまざまな体験メニューがそろっています。「まが玉」や「絞り藍染めのハンカチ」づくりなどは、毎日体験できます。また、少し上級を目指したい人には、「押絵羽子板」「江戸組紐帯締め」づくりなどが、本格的に職人から指導を受けられます。子どもも大人も夢中で取り組んでいます。

江戸時代の展示室では、大名・旗本の肖像画や鷹場関係資料、検地帳などや、街道、民間の諸信仰を展示している。幕末の絵図を参考にして復元製作された川越城の模型も目を引く。

お出かけDATA

〒330-0803
埼玉県さいたま市大宮区高鼻町4-219

☎ 048-641-0890

9:00～16:30(入館は16:00まで)
※7月1日～8月31日は9:00～17:00
(入館は16:30まで)　※臨時休館あり

休 月曜日(祝日および振替休日、5月1日・2日、11月14日「県民の日」を除く)、年末年始

¥ 一般300円、高校生・大学生150円、中学生以下と65歳以上は無料

東武野田線大宮公園駅から徒歩5分

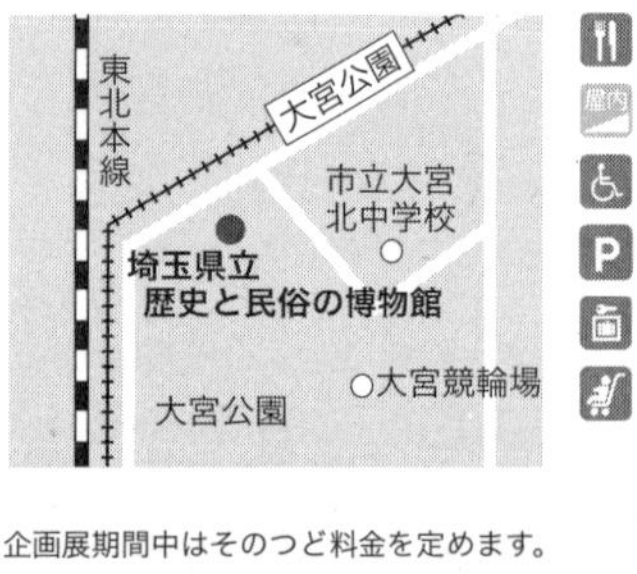

※特別展・企画展期間中はそのつど料金を定めます。

学芸員のイチオシコーナー

長船《おさふね》派の特徴がわかる国宝の短刀

武蔵国秩父郡を本貫とする武士・大河原《おおかわら》時基《ときもと》が、新領地である播磨国宍粟郡三方西（兵庫県宍粟郡波賀町）においてつくらせた短刀で、銘は「備州長船住景光」。国宝に指定されています。作者は長船派の刀工・景光で、よくつんだ小板目に乱映《みだれうつ》りの立つ地鉄などに長船派の特徴がよく表れた、格調高い出来栄えの名品です。

旧石器時代から弥生時代の展示室。石器や土器、弓矢などのほか、埼玉にかつて海があったことを示す貝塚に関する展示がされている。

鎌倉時代の中頃から戦国時代の末にかけてつくられた石の供養塔婆（板石塔婆）。全国に見られるが、特に関東には4万基以上が集中している。

ミュージアムショップで買いたいオリジナルグッズ

クリアファイル「木曾街道 六十九次」（蕨之駅戸田川渡場）
200円（税込）

江戸時代、軍事上の事情から戸田川には橋が架けられなかったといいます。その戸田の渡場を描いた版画をクリアファイルにしています。

得 ミニ知識

現代人も身につけたくなる魅力的なまが玉

縄文から古墳時代にかけての遺跡から数多く発掘されている「まが玉」。古代装身具として知られていますが、当時は一般の人々が使用したというより、祭祀を行う地位の高い人たちが身につけていたようです。素材は、青緑をした硬いヒスイ、碧玉、メノウ、古代ガラスなど、時代によって主流となる素材が異なります。また、丸みのあるまが玉の特徴的な形は日本が起源とされ、朝鮮半島へ伝承されたといわれています。

秋田のすべてを知りつくす

秋田県立博物館

あきたけんりつはくぶつかん

秋田県秋田市

考古・歴史・民俗・工芸・生物・地質の6つのテーマからなる総合博物館として1975(昭和50)年に開館。2004(平成16)年のリニューアル時に誕生した「わくわくたんけん室」では、化石のレプリカや貝の標本づくりにも挑戦できます。

秋田ゆかりの人物152名について、業績やエピソードなどを収集・紹介した「秋田の先覚記念室」、江戸時代の後期に秋田の自然と人々の営みを記録した菅江真澄の資料や人となりを伝える「菅江真澄資料センター」も併設しています。

人と暮らしをテーマにした人文展示室。中央にあるのは縄文時代の竪穴住居の復元。

ユニークな形の「人面付環状注口土器」(国指定重要文化財)。

学芸員のイチオシコーナー

童心にかえって遊びたい「わくわくたんけん室」

他館に比べて誇れるものとして、体験型展示室(わくわくたんけん室)があげられます。広い空間に所狭しと並べられたアイテムで秋田を学ぶことができるコーナーで、多くの来館者で賑わっています。アイテムの更新、追加も頻繁に行われるためリピーターが多く、子どもから大人まで童心にかえって楽しく体験活動をすることができる展示室として好評を得ています。

お出かけDATA

〒010-0124
秋田県秋田市金足鳰崎字後山52

☎ 018-873-4121

4月1日～10月31日9:30～16:30、
11月1日～3月31日9:30～16:00

休 月曜日(祝日または振替休日の場合は翌火曜日休館)、年末年始、燻蒸期間

¥ 無料(特別展のみ有料)

JR追分駅から徒歩20分

世界を目指した龍馬に会う

高知県立
坂本龍馬記念館

こうちけんりつさかもとりょうまきねんかん

高知県高知市

桂浜から高知湾を一望できる地に建てられた坂本龍馬記念館は、高知県出身の幕末の志士・坂本龍馬（1835～1867年）を顕彰するために開館しました。

入口では坂本龍馬像が来館者を迎えてくれます。展示資料のなかには、「海援隊約規」など龍馬の思想が表れたものから、兄や姉に宛てた書簡のほか、暗殺2日前に書かれ、現存するものとしては最後とされる陸奥宗光宛の書簡など、その筆跡から龍馬の人となりに触れることができる数多くの資料がそろっています。

龍馬が暗殺された京都の
近江屋を実物大で復元。

学芸員のイチオシコーナー

龍馬を感じる手紙と太平洋

当館の見どころは、龍馬の手紙です。真物・複製あわせて常時20通以上を展示しており、すべての手紙に、活字に直したものと現代語訳、解説をつけています。

もうひとつ、どうしても加えたいのが2階から見る雄大な太平洋の眺めです。龍馬は太平洋を見て育ち、世界を目指していました。ぜひ、手紙と太平洋を見て、龍馬を感じてください。

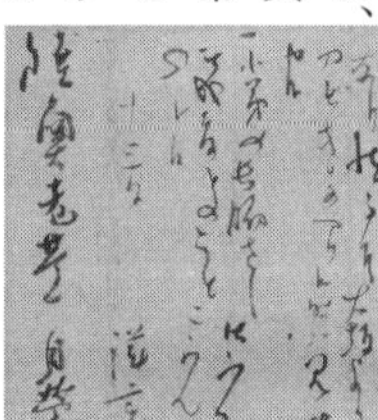

お出かけDATA

- 〒781-0262　高知県高知市浦戸城山830
- 088-841-0001
- 9:00～17:00（入館は16:30まで）
- 休 無休
- ¥ 大人500円、高校生以下は無料
- JR高知駅から高知県交通バス桂浜行きで龍馬記念館前下車徒歩1分。高知自動車道高知ICから五台山道路経由25分

何度訪れても、新しい京都に出会える

京都府
京都文化博物館

きょうとふきょうとぶんかはくぶつかん

京都府京都市

海外でも歴史、文化共に魅力の地として紹介されている京都。館は日本のふるさと・京都の歴史と文化をわかりやすく紹介する施設として、1988(昭和63)年10月に開館しました。歴史展示室は、京都の歴史を「平安楽土万年春」「武者の世に」「京洛四季」「古都飛翔」の4つの時期に分け、それぞれの時代の人々の生活、町の移ろいを展示しています。華やかな十二単の装束、柏屋京都本店模型、武者行列の人々の表情などを見ていると、1200年にわたる京都の歴史に入り込んでしまいそうです。

1階にはミュージアムショップのほか江戸時代末期の京の町家の通りを復元した「ろうじ店舗」があり、和雑貨や町家料理などの店が並んでいます。

学芸員のイチオシコーナー

遥か千年の時を越えて、京都、体感！

通常、博物館に来る方は、展示室でどんなものが展示されているのか、その点に興味があると思いますが、ここでは趣をやや変えて、展示室の外にある興味深い〝展示物〟を紹介しましょう。

それは遥か千年の時を越える、まさに「京都の遺産」です。館の入口付近にある「平安京高倉小路西側側溝跡」の表示。この側溝跡は、今から20年前、当館建設の事前発掘調査で発見されたもので、平安京の高倉小路の西側側溝が、現在の高倉通のそれとほぼ同位置にあったことを証明するものです。時代や人が変わっても同じ位置にある道路は、京都の歴史の重みを感じさせてくれます。来館の折には、入口付近にあるこの側溝跡を眺め、遥か千年の時を越える京都の歴史に思いを馳せてください。

お出かけDATA

- 〒604-8183 京都府京都市中京区三条高倉
- ☎ 075-222-0888
- 10:00～19:30(入館は19:00まで)
- 休 月曜日(祝日は開館し、翌日休館)、年末年始
- ¥ 一般500円、大学生400円、小学生・中学生・高校生は常設展については無料
- 地下鉄烏丸御池駅から徒歩3分、阪急電車烏丸駅から徒歩7分

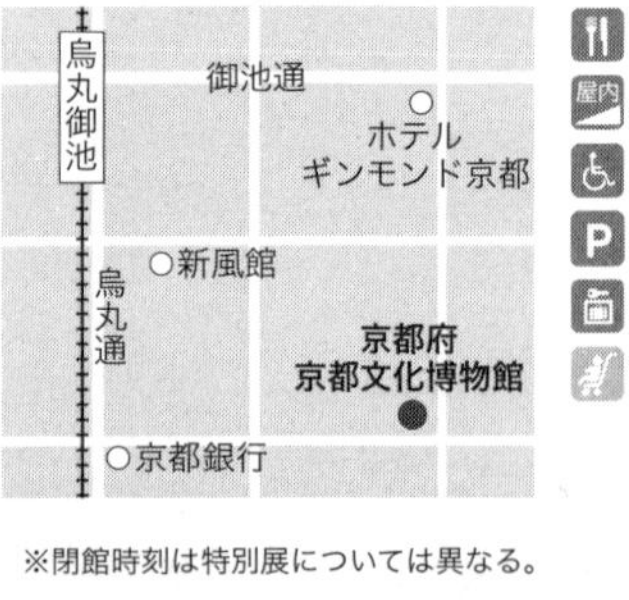

※閉館時刻は特別展については異なる。

1200年続いてきた京都。平安京建設以前から大正時代まで、この都市の歴史を4つの時代に分け時代順に展示している。

別館ホール。旧日本銀行京都支店の建物で、国の重要文化財に指定されている(入場無料)。音楽会、展覧会などを開催している。

平安時代末期の武者行列。忠実に再現された衣装や持ち物なども見逃せない。

ミュージアムショップで買いたいオリジナルグッズ

ポストカードセット
「折り文博物館」
5枚セット350円(税込)

博物館の外観や館内にある江戸末期の町家の店構えなどをデザインしたポストカードです。

得 ミニ知識

感動を与え続ける建築家たち

京都府京都文化博物館別館は、西洋的な赤煉瓦が印象的な建物です。これは、辰野金吾(1854～1919年)とその弟子により設計され、1906(明治39)年に日本銀行京都支店として竣工。その後、1969(昭和44)年に重要文化財に指定され、京都文化博物館の別館となる時、建設当初の姿に復元修理がなされました。

辰野といえば、現在の東京駅をはじめ、日本橋にある日本銀行本店などの設計でも有名。1879(明治12)年に現在の東京大学工学部を首席で卒業した辰野ですが、その同期には、奈良や京都の国立博物館を設計した片山東熊がいます。今も美しさと威厳を放つ多くの建物は、彼らの手によって生まれたのです。

鎌倉北条氏の栄華をしのぶ

神奈川県立金沢文庫

かながわけんりつかなざわぶんこ

神奈川県横浜市

鎌倉時代に活躍した北条氏一族（金沢北条氏）の菩提寺である、称名寺《しょうみょう》の一角にあります。北条実時が晩年（1275年頃）に創設したといわれており、武家の文庫として、政治や歴史、文学などの蔵書が収集されていました。

その後、県立金沢文庫として中世の歴史博物館の役割を果たすために、1990（平成2）年にリニューアル。

国宝・金沢北条氏歴代の肖像画（実時、顕時、貞顕、貞将）、仏像・仏画そして金沢北条氏一族や称名寺の僧侶たちが書いたとされる手紙など4000余点の「金沢文庫文書」など、当時の様子を垣間見る貴重な資料に出会うことができます。

学芸員のイチオシコーナー

健寿御前の回想録「たまきはる」

鎌倉時代の歌人として知られる藤原定家の姉・健寿御前（1157〜1219年以前）が残した回想録です。健寿御前は、後白河法皇の后・建春門院平滋子や、鳥羽上皇の愛娘・八条院に仕えました。本書は、藤原定家が健寿御前の遺稿を整理増補して成立したものを、後に鎌倉幕府執権も務めた金沢北条氏三代の貞顕が、1302（乾元2）年2月に京都において筆写したもの。巻末には著名な「金沢文庫」印が押されています。

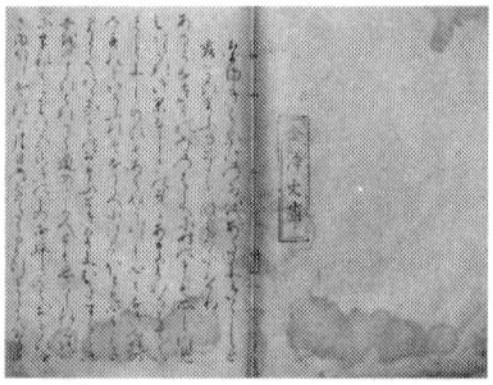

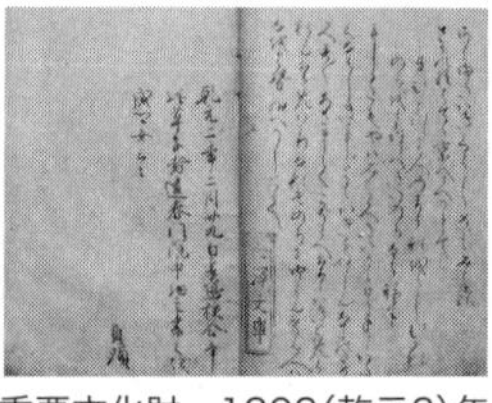

重要文化財。1302（乾元2）年、金沢貞顕筆。

お出かけDATA

〒236-0015
神奈川県横浜市金沢区金沢町142

045-701-9069

9:00〜16:30（入館は16:00まで）

休 月曜日（祝日・祭日の場合は開館）、祝日の翌日（土・日曜日の場合は開館）、年末年始、展示替え期間

¥ 成人250円、20歳未満および学生150円、65歳以上・高校生100円、中学生以下は無料　※特別展料金あり

京浜急行金沢文庫駅から徒歩12分

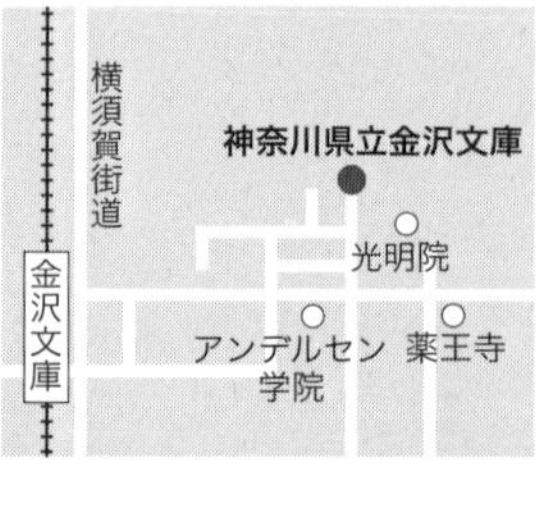

「奈良絵本徒然草」江戸時代。
左は68段「筑紫に、なにがしの押領使」。
右は53段「是も仁和寺の法師」。

金沢文庫１階吹き抜け展示室。称名寺金堂内陣の復元。

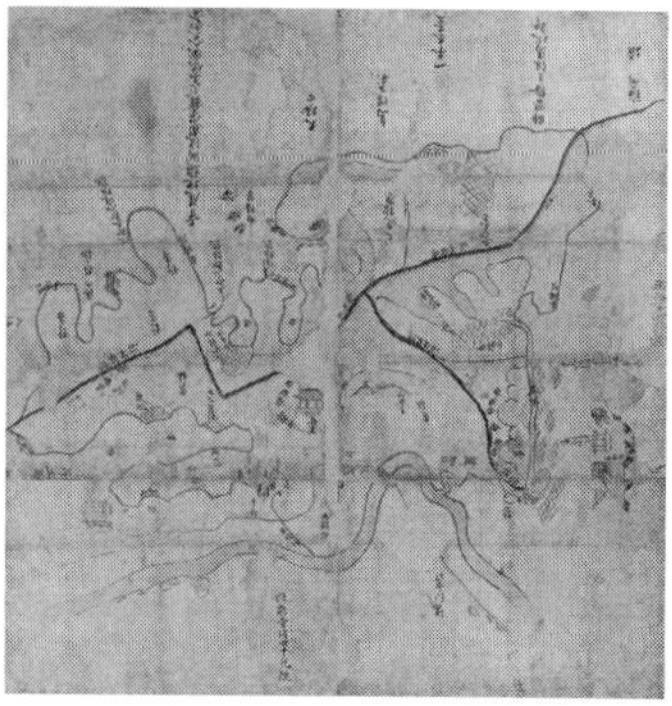

「武蔵野国鶴見寺尾郷図」（重要文化財）。南北朝時代のもの。

ミュージアムショップで買いたいオリジナルグッズ

歌川広重画　金沢八景　絵葉書
８枚１組500円（税込）

景勝地として著名な金沢八景。歌川広重が描いた浮世絵版画を絵葉書にしたものです。

得 ミニ知識

名勝の地として愛されてきた称名寺

神奈川県立金沢文庫は、称名寺と隣接しています。その称名寺は金沢北条氏の祖・北条実時（1224～1276年）により開基されたといわれており、庭園が美しいことでも有名です。江戸時代、水戸光圀が招いた禅僧によって漢詩に詠まれた「金沢八景」のひとつで、歌川広重が描いた名所絵「金沢八景」のなかにも、「称名晩鐘《しょうみょうのばんしょう》」と題した称名寺付近が描かれています。1333（元弘３）年の鎌倉幕府滅亡と共に金沢北条氏も衰退。その後、1930（昭和５）年に神奈川県の施設として復興するまでのおよそ600年の間、金沢文庫の管理は称名寺が行ってきました。

銀行から博物館へ転身。昔の美しい姿を今に伝える

神奈川県立歴史博物館

かながわけんりつれきしはくぶつかん

神奈川県横浜市

建物は1904(明治37)年に建設された横浜正金銀行本店を改装・増築し、1995(平成7)年に歴史博物館としてリニューアルオープン。ネオ・バロック様式と呼ばれる格調高い姿が特徴的です。

展示では、神奈川県の古代から現代までの歴史の流れを順をおって丁寧に見ていくことができます。鎌倉時代の経済や宗教、横浜開港とペリー来航時の模様や黒船の模型など、大変興味深い資料がそろっています。また、ライブラリーではビデオモニターにより約250本のソフトを視聴することができます。各テーマをもっと掘り下げて調べたいという来館者の要望に応えてくれる充実の施設です。

学芸員のイチオシコーナー

円覚寺舎利殿復元模型で しばし仏の世界へ

この復元模型は、鎌倉の禅宗寺院である円覚寺の舎利殿(国宝)を忠実に再現したものです。舎利殿は釈迦の遺骨(=舎利)を祀る神聖な建物であり、ふつうは内部に入ることが許されません。ここでは、禅宗様建築の典型である舎利殿を見てもらうため、展示室の一室に木材を用いて原寸で復元しました。宮大工による複雑な木組みの復元は見事で、博物館にいることを忘れさせます。前机や厨子などの調度も年月を経て味わいを出しています。

お出かけDATA

- 〒231-0006 神奈川県横浜市中区南仲通5-60
- 045-201-0926
- 9:30〜17:00(入館は16:30まで)
- 休 月曜日(祝日または振替休日の場合は開館)、年末年始、資料整理休館日(毎月最終火曜日、ただし特別展開催中は開館)
- ¥ 20歳以上300円、20歳未満および学生200円、65歳以上および高校生100円、中学生以下は無料
- 東急東横線・みなとみらい線馬車道駅から徒歩1分、市営地下鉄関内駅から徒歩5分

江戸湾内防備の大砲と浮世絵に描かれたペリーの顔。

開港居留地の模型。1859(安政6)年に横浜は国際貿易港として開港。横浜には外国人が住む開港居留地ができた。

神奈川県域に人が住むようになった旧石器時代から縄文、弥生、奈良、平安と時代をおって人々の暮らしを展示。

日本で最初の鉄道で、新橋・横浜間を走った蒸気機関車。「1号機関車」と呼ばれている。

ミュージアムショップで買いたいオリジナルグッズ

ポストカード　1枚126円(税込)

館所蔵の横浜浮世絵「横浜交易西洋人荷物運送之図」(五雲亭貞秀)による5枚組のカード。5枚を並べると上のように1枚の浮世絵になります。

得 ミニ知識

長旅には宿選びも大切だった

近世、神奈川県域には海岸沿いに東海道が通っていたため、川崎から箱根まで、12の宿場町が栄えていました。旅人が泊まる宿にも種類があり、大名などが泊まる宿を「本陣」といい、地域有力者の邸宅などが利用されていました。一般の旅行者向けで、食事付きの「旅籠屋《はたご》」。自炊をし、薪代のみを支払った「木賃宿」。休憩用として宿駅と宿駅の中間に設けられた施設は「間《あい》の宿《しゅく》」と呼んでいました。

近世のコーナーで展示されている旅道具や浮世絵などからも、旅人で賑わった当時の宿場町界隈の様子を知ることができます。

鎌倉の寺社の文化財を一堂に

鎌倉国宝館

かまくらこくほうかん

神奈川県鎌倉市

1923(大正12)年の関東大震災により、貴重な資料をもつ社寺などの多くが倒壊した経験を受けて1928(昭和3)年に開館。鎌倉を中心とした文化財の保管、展示に努めてきました。奈良の正倉院を模した建物は、国の有形文化財(建造物)に登録されています。

保管されている資料は、近隣の社寺に伝わる貴重なものばかり。このほか、百数十点の「氏家浮世絵コレクション」は肉筆浮世絵にこだわって収集された作品です。葛飾北斎、歌川広重をはじめ誰もが知っている浮世絵師の作品が並び、海外の美術館にも出品され高い評価を得ています。

禅宗文化の影響が強いという鎌倉地方の文化財を間近に見ることができる。

お出かけDATA

- 〒248-0005
  神奈川県鎌倉市雪ノ下2-1-1
- ☎ 0467-22-0753
- 9:00～16:30(入館は16:00まで)
- 休 月曜日(休日の場合は翌平日休館)、年末年始、展示替え期間
- ¥ 一般300～600円、小学生・中学生100～300円 ※展覧会ごとに料金は異なる
- JR・江ノ島電鉄鎌倉駅から徒歩12分

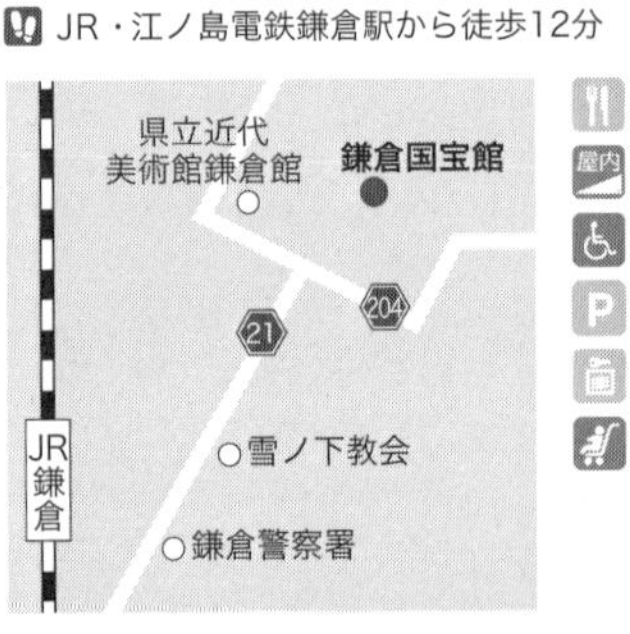

鎌倉時代のもので、神奈川県指定重要文化財。もともとは鎌倉市大町の辻の薬師堂に安置されていた。右から子神、巳神、戌神。

学芸員のイチオシコーナー

運慶の様式を引き継ぐ迫力の十二神将像

館内は寺院建築の手法が用いられ、お寺で拝観するような気分で仏像を鑑賞することができます。また、展示場の半分を占める彫刻スペースにはガラスケースが用いられていないため、作品の生の迫力を味わうことができるのも当館の特徴のひとつです。

彫刻展示のなかでも、特におすすめなのが当館所蔵の十二神将像。各像共、手に武器を取り、忿怒の表情を見せる武将の姿で表されています。仏師・運慶の図像と様式を引き継ぐその姿は迫力抜群。仏像好きにはたまらない群像です。

※2010年秋に十二神将をテーマにした展覧会を開催予定。それまでは展示していない。

ミュージアムショップで買いたいオリジナルグッズ

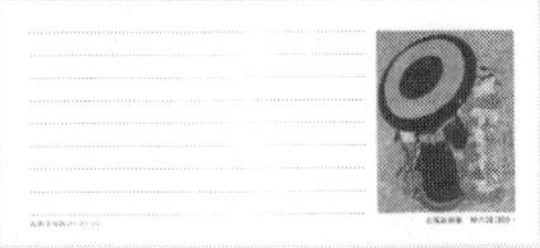

一筆箋「氏家浮世絵コレクション」
2点セット600円(税込)

鎌倉国宝館にある氏家浮世絵コレクションのなかから選ばれた4点の作品が2種類で1セットになっています。

得 ミニ知識

浮世絵のふたつの技法

浮世絵は大きく分けて、「肉筆画」と「木版画」があります。絵師自らが筆をとり、手描きで仕上げたものが肉筆画。版元が総括し、専門の絵師や摺師が下絵描き、彫りや摺りなどの各作業を分担して制作したものを木版画と呼んでいます。

木版画は、同じ絵柄のものを数多く摺ることができたため、庶民の間にも浮世絵が広まっていきました。しかし、肉筆画は1点ずつ描かれたオリジナル。点数も少ないため、大変貴重な作品として現在に伝わっています。

サイトミュージアムの楽しさを体感

斎宮歴史博物館

さいくうれきしはくぶつかん

三重県多気郡

斎宮《さいくう》とは、天皇の代わりに伊勢神宮に仕えた未婚の皇女・斎王《さいおう》の宮殿が置かれたところです。斎宮跡はその遺跡で、1979(昭和54)年に約137haの範囲が国の史跡に指定され、現在も調査が継続しています。博物館は調査研究の成果を紹介するため、史跡の一角に1989(平成元)年に開館。あまり知られていない斎宮について、歴史資料や古典文学、発掘成果から紹介。また平安初期の斎宮の様子をコンピューターグラフィックスにより再現するなど、より身近に歴史をたどることができます。館内の展示だけではなく、史跡とあわせて見学することで、サイトミュージアム(遺跡博物館)を存分に楽しむことができます。

学芸員のイチオシコーナー

平安時代の歴史絵巻にタイムスリップ

伊勢神宮に天皇の名代として仕えた未婚の皇女・斎王。その斎王と、斎王が暮らした斎宮について紹介する当館のイチオシは、映像展示。斎王や斎宮跡、斎宮周辺の見どころについて紹介する3本の映像があります。『斎王群行《ぐんこう》』は、平安時代、都から斎宮へとやって来た斎王・良子《ながこ》内親王の旅の記録から、当時の様子を再現した映像。ハイビジョンの美しい映像により展開される歴史絵巻と、サラウンド効果による迫力ある音響が、皆さんを雅な斎王の世界にいざないます。

お出かけDATA

〒515-0325　三重県多気郡明和町竹川503
0596-52-3800
9:30～17:00(入館は16:30まで)
休 月曜日(祝日の場合は翌火曜日)、年末
※2010年3月31日までは、耐震補強工事により臨時休館
¥ 一般330円、高校生・大学生220円、65歳以上および小学生・中学生は常設展は無料
近鉄山田線斎宮駅から徒歩15分

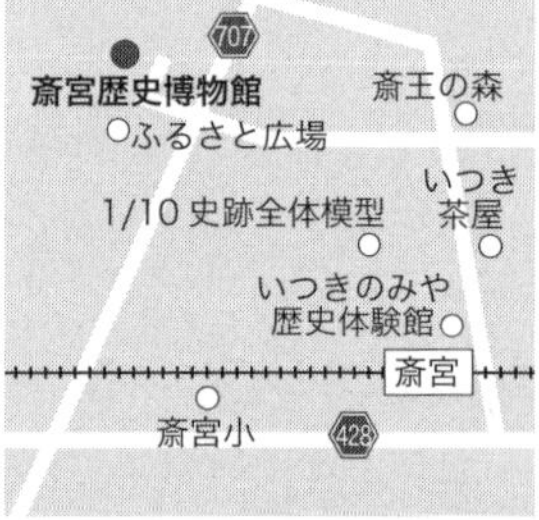

原寸大の斎王居室復元模型。十二単姿の斎王と命婦《みょうぶ》の人形、調度から斎王の暮らしぶりを知る。

斎王が神宮の三節祭で行う祈りの様子を復元したマジックビジョンの一場面。

斎王が乗った輿(葱華輦《そうかれん》)が総勢500人もの官人・官女と共に伊勢に赴くことを群行という。この様子を再現した模型。

ミュージアムショップで買いたいオリジナルグッズ

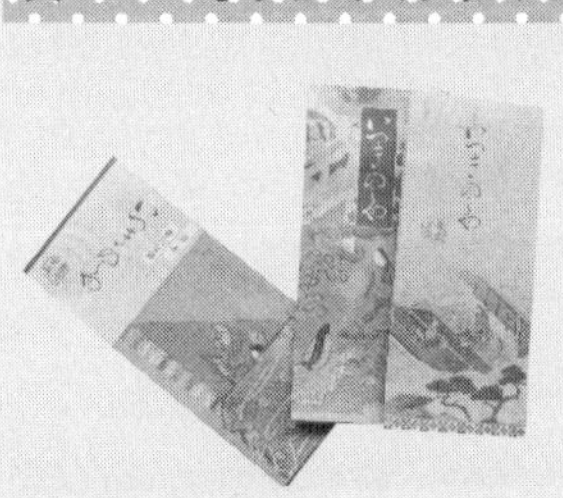

一筆箋(3種類) 各300円(税込)

館所蔵の『伊勢物語』『源氏物語』の屏風絵をデザインした雅なものです。

得 ミニ知識

庶民にとって憧れの伊勢神宮

斎宮と深い関わりをもつ伊勢神宮は、『古事記』や『日本書紀』にも登場する天照大神を祀る神社です。古くから伊勢神宮を参拝することは、庶民にとって夢でしたが、江戸時代以降は五街道をはじめとする交通網が発達したため、参拝が容易となり多くの人が訪れるようになりました。その様子は、歌川広重や歌川貞秀ら多くの浮世絵師が残した、伊勢神宮を参拝する庶民の姿からも見て取ることができます。当時、庶民の移動には制限がありましたが、無許可の旅行であっても伊勢神宮参拝が目的であれば、幕藩から大目に見てもらえたようです。

世界的にも高く評価される青銅器コレクションの数々

泉屋博古館

せんおくはくこかん

京都府京都市

京都・東山の麓に住友家が収集した美術品を展示するために、1960（昭和35）年に設立。収蔵品数は3000点以上にものぼります。なかでも、第15代当主・住友春翠（1864〜1926年）が明治中頃から大正期にかけて収集した中国古銅器と鏡鑑のコレクションは貴重な歴史資料にもなっています。

一風変わった館の名称は、江戸時代の住友家の屋号「泉屋」と約1000年前に中国宋代の皇帝の命により編纂された青銅器図録『博古図録』に由来。東京・六本木にも分館があり、茶道具や能関係の品々をはじめ、近代工芸品や洋画などが鑑賞できます。

学芸員のイチオシコーナー

常設展「中国青銅器の時代」のなかの逸品「虎卣《こゆう》」

大きな口を開けた虎が後脚で立ち、人間を抱きかかえている。釣手のついた酒を入れる器。虎の頭頂部が蓋になっておりてっぺんに立つ鹿がつまみ。中国商・周時代の青銅容器は、神を祀る祭器として使用され、そこに表されたモチーフは天の神々や神の使いを具体化したものといわれます。この虎も体の背面や側面にさまざまな動物形神が描かれ、神虎という特別な存在にふさわしいでしょう。

全体に祭器としての神秘性をもつ反面、どこかのんびりとした古代人の神に対する素朴な思いが感じ取れ興味深いものがあります。

お出かけDATA

〒606-8431
京都府京都市左京区鹿ヶ谷下宮ノ前町24

075-771-6411

10:30〜17:00（入館は16:30まで）

休 月曜日（祝日の場合は翌火曜日休館）
※開館期間は問い合わせを

¥ 一般730円、高校生・大学生520円、小学生・中学生310円

市バス宮ノ前町下車徒歩すぐ、市バス東天王町下車徒歩3分

「鴟鴞尊《しきょうそん》」。ミミズクが立ち上がった格好の器。頭部は蓋で、酒を入れることができる。龍がとぐろを巻いた形の羽をしている。

商時代後期のもので「夔神鼓《きじんこ》」という。全体に3～5mmほどの厚さで鋳造されている。非常に珍しい青銅太鼓。

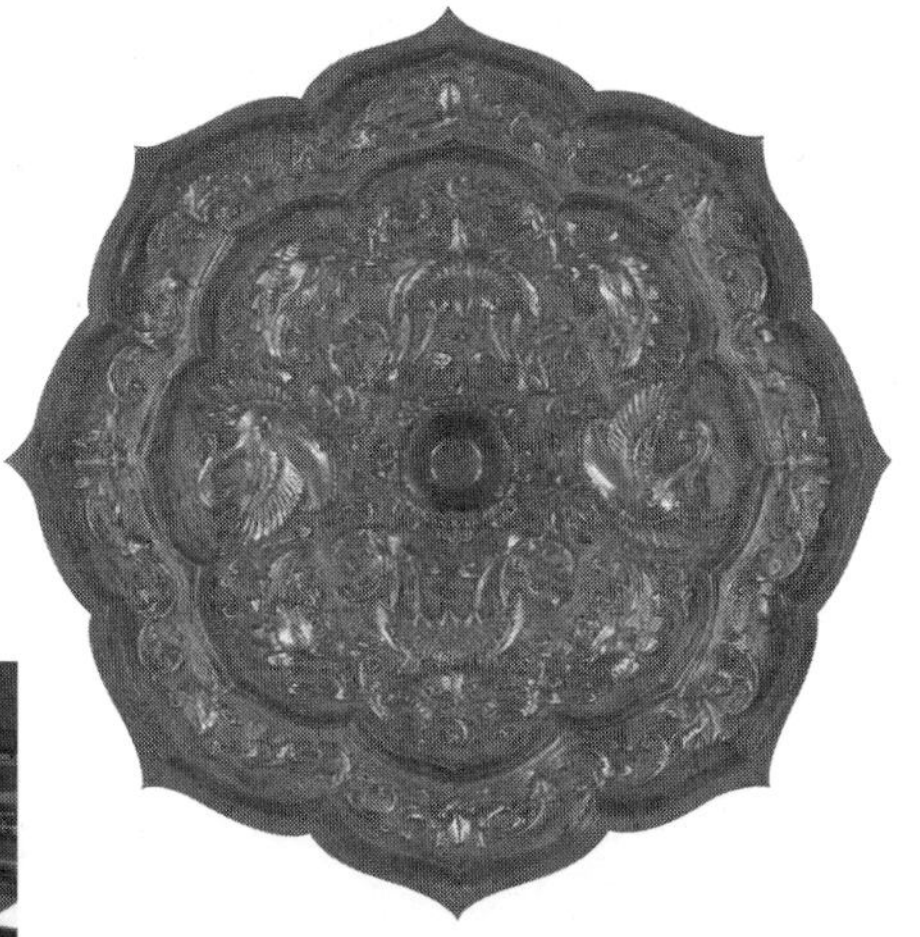

国宝「瑞花鳳凰八稜鏡(線刻仏諸尊鏡像)」。直径15cm。平安時代に日本でつくられた。鳳凰と瑞花が浮かび上がっているが、鏡面側には多くの仏像が線刻されている。

商から唐の時代までの青銅器の移り変わりを4つの展示室で紹介。

ミュージアムショップで買いたいオリジナルグッズ

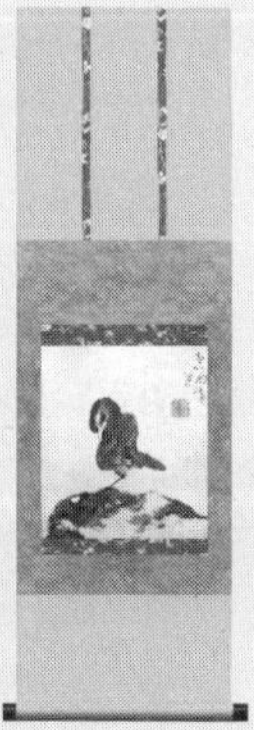

掛軸「叭《は》々《は》鳥《ちょう》図」
15,750円(税込)

館が所蔵する中国絵画の一点「叭々鳥図」を掛軸にしました。

得 ミニ知識

青銅器ってどんなもの？

中国で青銅器がつくられるようになったのは、紀元前1800年ごろ、夏王朝の時代だといわれています。もともと青銅器は実用品としてではなく、主にまつりや儀式に用いられ、食べ物を調理しお供えする食器や酒器、音楽を演奏する楽器などとしてつくられていました。表面の文様も動物などをモチーフに手の込んだものが多く見られます。その後青銅器は次第に高級実用器として用いられるようになりました。ところで、青銅とは銅と錫の合金で、銅よりも硬い性質をもたせたものです。

光源氏の世界に迷い込む

宇治市源氏物語ミュージアム

うじしげんじものがたりみゅーじあむ

京都府宇治市

『源氏物語』といえば、11世紀初めに紫式部が書いた王朝物語。全54帖からなる長篇小説です。展示では、物語に登場する世界を映像や模型などにより紹介。王朝文化の調度品や装束のほかに、平安時代の遊びや年中行事を季節にあわせて展示するなど、優雅な暮らしの一端を見ることができます。

平安絵巻の雅な世界にひたるのも、この博物館ならではの楽しみです。

『源氏物語』の前半の舞台となる平安京の文化を展示。

貝合わせ、囲碁、双六など貴族の遊びや年中行事を展示。

学芸員のイチオシコーナー

王朝文化を垣間見る「光源氏の栄華―六条院―」

『源氏物語』の主人公・光源氏の邸宅である六条院を100分の1の模型として復元・展示しています。生涯の絶頂期にあった光源氏は、理想的な寝殿造の邸宅・六条院を建てて、ゆかりの女性たちを住まわせました。この模型全体の大きさは3m四方。実際の大きさは300m四方になります。広さは甲子園球場のほぼ1・8倍。この六条院の展示から、光源氏の雅やかな王朝文化を垣間見ることができます。

お出かけDATA

〒611-0021
京都府宇治市宇治東内45-26
☎ 0774-39-9300
9:00～17:00(入館は16:30まで)
休 月曜日(祝日または振替休日の場合は翌火曜日休館)、年末年始
¥ 大人500円、小学生・中学生250円
京阪電車宇治線宇治駅から徒歩8分、JR宇治駅から徒歩15分

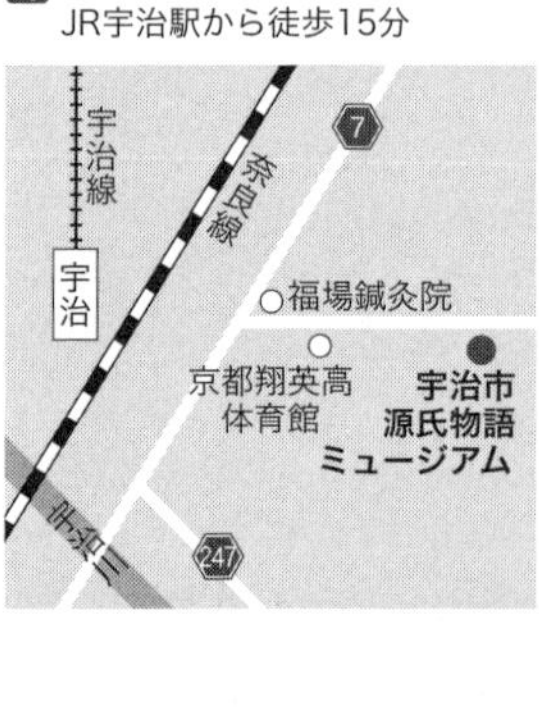

自然の
不思議に迫る
博物館

自然の不思議に答えてくれる

ミュージアムパーク
茨城県自然博物館

みゅーじあむぱーく　いばらきけんしぜんはくぶつかん

茨城県坂東市

「過去に学び、現在を識《し》り、未来を測る」をコンセプトとした自然系博物館として1994(平成6)年に開館。宇宙、地球、自然、生命、環境などをテーマに、46億年の地球の歴史をひもとくストーリー性のある展示は発見に満ちています。

「ミュージアムパーク」との名がつくこの博物館は、東京ドーム約3個分の敷地に広大な野外施設をもち、公園のように気軽で楽しい雰囲気にあふれ、自然のなかに迷い込んだような気分で、いつでも・だれでも興味の赴くままに学ぶことができます。

また、博物館の周りには、雑木林や沼など豊かな里山の環境が広がっています。野外ガイドツアーやバードウォッチング体験など自然体験学習の場として利用されています。

白亜紀に生きていたティラノサウルスの骨格模型。

お出かけDATA

- 〒306-0622　茨城県坂東市大崎700
- 0297-38-2000
- 9:30〜17:00(入館は16:30まで)
- 休　月曜日(祝日または振替休日の場合は翌火曜日休館)、年末年始
- ¥　大人520円、高校生・大学生320円、小学生・中学生100円(企画展開催時は別料金)、未就学児・70歳以上は無料
- つくばエクスプレス守谷駅から関東鉄道バスで自然博物館入口下車徒歩5分

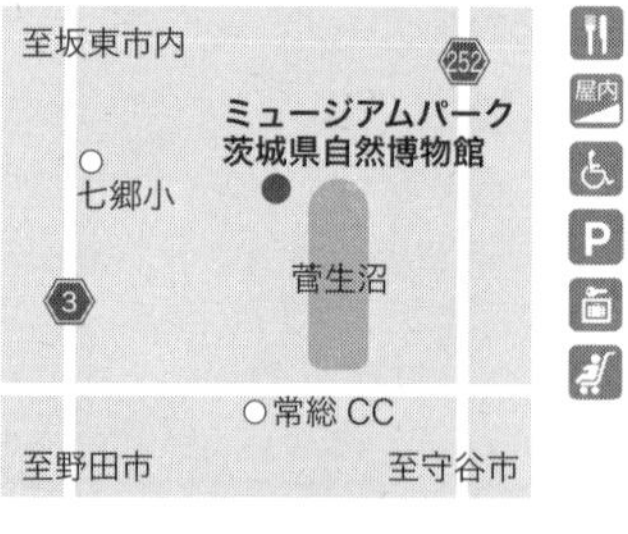

学芸員のイチオシコーナー

じっくり見たい 第3展示室 ～土の中の生き物～

第3展示室の「土の中の生き物」のコーナーでは、ムカデやミミズなど、土のなかで生活するさまざまな生き物を100倍に拡大した模型で紹介しています。

このコーナーでまず目に飛び込んでくるのは、床にある100倍に拡大した1円玉です。1円玉と比べてみると、土のなかの生き物はほとんどが小さいものばかりです。ふだんあまり見ることのない土のなかにもたくさんの生き物が生きていることを実感してください。

中国の内蒙古自治区から発掘された松《しょう》花《か》江《こう》マンモスの骨格化石(レプリカ)。体長9.1m、高さ5.3mという世界最大のマンモス。

「生きている化石」と呼ばれるメタセコイア。高さ約30mのうち12mの部分を展示。

ミュージアムショップで買いたいオリジナルグッズ

スネークえんぴつ 1本126円(税込)

館のシンボルである全長26mのヌオエロサウルスをデザインした、長さ約30cmの「スネークえんぴつ」。

得 ミニ知識

よみがえったメタセコイア

茨城県自然博物館のシンボルでもあるメタセコイアは、1941(昭和16)年に京都大学の講師だった三木茂氏が化石として発見し、命名した植物です。メタセコイアの化石は古いもので約1億年以上前にさかのぼることができますが、90万年前以降、化石記録がありません。メタセコイアは絶滅したと考えられていたのです。ところが、1946(昭和21)年に中国でメタセコイアが生き延びていることがわかりました。1950(昭和25)年には三木茂氏のもとにメタセコイアの苗が届けられました。博物館のメタセコイアは茨城大学の鈴木昌友氏が三木茂氏から譲り受け、大学構内に植えたものです。校舎増築のため伐採されることになったものを、標本として後世に残していくため博物館が譲り受けました。

いつ行っても新しい発見がある

兵庫県立 人と自然の博物館

ひょうごけんりつひとと しぜんのはくぶつかん

兵庫県三田市

兵庫県立人と自然の博物館は〝人と自然の共生〟をテーマに1992(平成4)年10月に開館しました。100万点を超える収蔵資料を、「兵庫の自然誌」「地球・生命と大地」など5つのテーマに分けて、常設展示しています。1階の「共生の森」では、ラフレシアやオランウータンなどのボルネオ島の貴重な標本類を展示しています。

そのほか、図書コーナーや化石などの標本を手に取って触ることができるコーナーがあります。

また、研究員などによるセミナーやイベントを毎日開催。土・日曜日、祝日には事前申し込み不要のオープンセミナーも用意されています。

研究員のイチオシコーナー

恐竜骨格が明らかになる過程を楽しむ

2007(平成19)年から丹波市で発掘されている大型草食恐竜(ティタノサウルス形類)の化石を見ることができます。全身骨格標本はありませんが、代わりに「ひとはく恐竜ラボ」では、まだ岩のなかに入っている化石が取り出される様子を、間近に見ることができます。この作業で新しく取り出された化石は、順次本館3階「丹波の恐竜化石」コーナーで展示されます。展示内容はどんどん更新されていき、やがて全身の姿が明らかになっていく、まさにその過程を見ることができるのです。

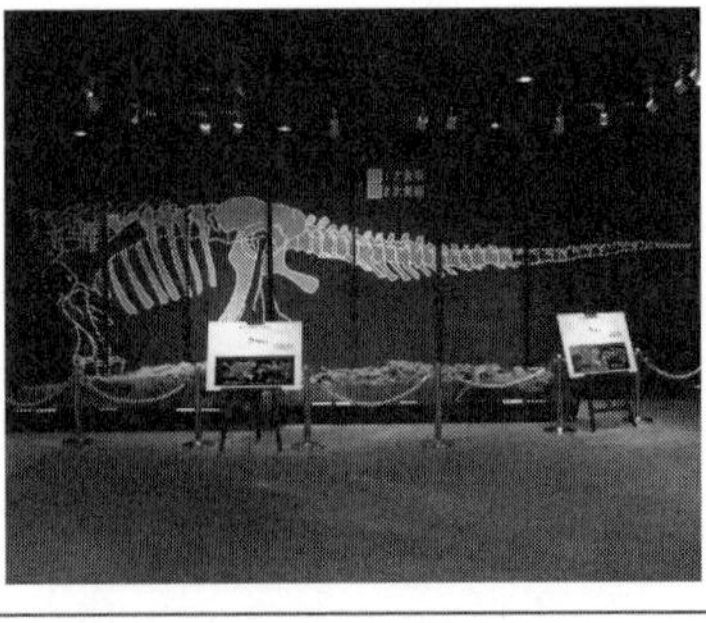

お出かけDATA

- 〒669-1546 兵庫県三田市弥生が丘6
- 079-559-2001
- 10:00〜17:00(入館は16:30まで)
- 休 月曜日(祝日または振替休日の場合は翌日休館)、年末年始、臨時休館日(1月中旬〜2月上旬)
- ¥ 大人200円、高校生・大学生150円、小学生・中学生 100円、県内在住の65歳以上は半額
- 神戸電鉄フラワータウン駅からすぐ

約350万年前から約1万年前まで北アメリカに生息していたアメリカマストドンの骨格標本。

江田茂氏によって収集された日本最大級の昆虫コレクション。このほか博物館に寄せられた多数のコレクションが展示されている。

丹波の発掘現場から運ばれた岩石から、化石を取り出す作業をガラス越しに見ることができる。

ミュージアムショップで買いたいオリジナルグッズ

トートバッグ
800円(税込)

カエルツボカビ症啓発グッズとしてつくられた第一号オリジナル商品です。しっかりしたキャンバス地で、エコバッグとして人気。

※カエルツボカビ症とはカエルの体表にカエルツボカビが寄生することで引き起こされる両生類特有の感染症。環境省でも対策に取り組んでいる。

世界で一番大きな花

得 ミニ知識

展示室1階にあるラフレシアは、世界で一番大きな花といわれています。花の直径が1m近くになるものまで、およそ15種類が確認されています。つる植物に寄生しており、葉がなく、毒キノコを思わせるような赤い5枚の花びらが腐敗したようなにおいを放ち、そこに集まってきたハエたちによって受粉されます。開花の期間はわずか1週間です。

自然観察の面白さを伝えてくれる

高知県立牧野植物園

こうちけんりつまきのしょくぶつえん

高知県高知市

高知県が生んだ植物学者・牧野富太郎氏（1862〜1957年）の業績を顕彰する施設として1958（昭和33）年に開園。1999（平成11）年には「牧野富太郎記念館」が開館しました。この建物は景観に配慮した環境保全型で、第13回村野藤吾賞をはじめ数々の賞を受けています。本館には牧野文庫や標本室、展示館には博士の生涯を知る資料や植物画などが展示されています。

牧野博士の業績をたどる。

学芸員のイチオシコーナー

歴史と地形を生かした東洋の粋「50周年記念庭園」

2008（平成20）年4月に開園50周年を記念して南園に誕生した「50周年記念庭園」。東洋の伝統園芸植物を中心に約5万8000株を植栽しており、四季を通じてさまざまな植物に出会うことができます。春はセンダイヤザクラやシダレザクラなど、初夏はアジサイやハナショウブが咲き誇ります。夏の庭園では池周辺でダイサギソウとヒメノボタン、秋にはフジバカマやオミナエシなどの七草をはじめ、ホトトギス、ツワブキ。冬はモミジやラクウショウの紅葉のほか、寒さに耐えて健気に咲くスイセン、バイカオウレンが見られます。

お出かけDATA

〒781-8125
高知県高知市五台山4200-6

☎ 088-882-2601

9:00〜17:00

休 年末年始（12月27日〜1月1日）

¥ 一般500円、高校生以下は無料
※2010年4月から入園料が変更になる場合がある

高知自動車道高知ICから20分

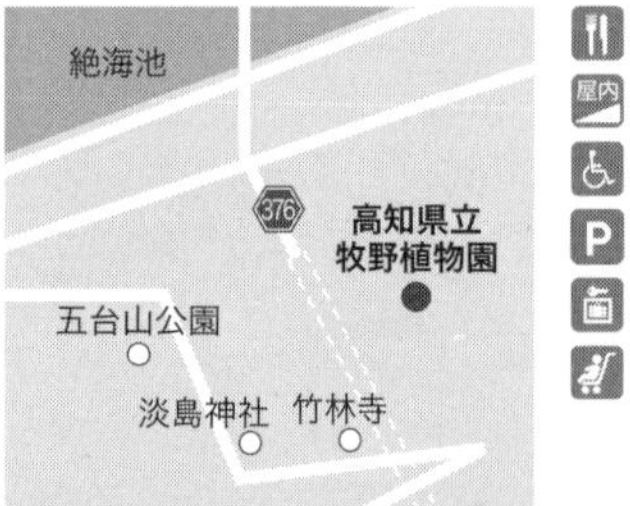

※温室はリニューアル工事のため2010年春まで閉鎖。

展示室では、動くことのできない植物の結婚を模型とナレーションで解説している。

晩年の牧野博士の書斎「ようじょう書屋」を再現。

展示館中庭。展示館には牧野博士の生涯を紹介する展示室や植物画ギャラリーなど４つの展示室がある。

ミュージアムショップで買いたいオリジナルグッズ

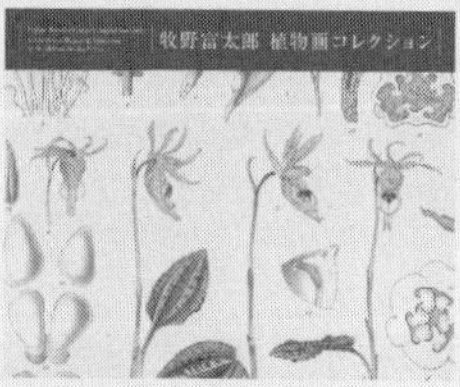

牧野博士ポストカードブック
「牧野富太郎　植物画コレクション」
26枚綴り 植物解説付き 1,260円(税込)

牧野文庫が所蔵する博士の植物画1700点のなかからソケイノウゼンやイッサイトウ(一歳桃)などの優れた作品を厳選し、一冊のポストカードブックにまとめました。全26枚のミニ植物画集ともいえる絵葉書集です。

※この商品はミュージアム・ガーデンショップの両方で販売。

小学校をやめた牧野富太郎

得 ミニ知識

　日本の植物分類学の父といわれる牧野富太郎。牧野が生涯に採取した標本は約40万枚。新種や新品種など1500種類以上の日本の植物を命名しています。牧野の両親は牧野が３歳と５歳の時に病死しており、博士が藩校で漢字や蘭学を習い始めたのは10歳の時です。その後小学校に入りましたが、授業に飽き足らず14歳で自然退学。植物に興味をもった牧野は10代後半から植物の写生図、観察記録を書くようになり、78歳の時に今も読み継がれる『牧野日本植物図鑑』を刊行。94歳で生涯を閉じるまで、植物の研究に情熱を注ぎました。

あらゆる角度から琵琶湖を知りつくす

滋賀県立 琵琶湖博物館

しがけんりつびわこはくぶつかん

滋賀県草津市

日本最大の水資源といわれる琵琶湖の湖畔に1996（平成8）年に開館。琵琶湖の生い立ちや歴史、琵琶湖周辺の人々の暮らしなどの民俗展示と淡水専門の水族館をあわせもつ、日本では珍しい博物館です。

琵琶湖の歴史をたどると、およそ400万年前までさかのぼります。この長い間に、琵琶湖固有の生き物は進化をとげ、人は琵琶湖と共に独自の文化を発展させてきました。

博物館はこうした歴史を踏まえ、これからの琵琶湖と人との共存を築いていくためにさまざまな展示を試みています。江戸時代から戦前まで琵琶湖の湖上輸送の主役であった「丸子船」を、職人の手によって現代によみがえらせ展示。「ふれあい探検室」では子どもたちが、魚との触れ合いを体験しています。

レストランも自慢のひとつで、オリジナルのオオクチバス（ブラックバス）メニューは人気の一品です。

「丸子船」と呼ばれる琵琶湖独特の帆走木造船。

「ふれあい探検室」の「タッチングプール」では、魚に触ることもできる。

お出かけDATA

- 〒525-0001　滋賀県草津市下物町1091
- 077-568-4811
- 9:30〜17:00（入館は16:30まで）
- 休 月曜日（祝日または振替休日の場合は開館）、年末年始
- ¥ 大人750円、高校生・大学生400円、小学生・中学生・県内在住の65歳以上は常設展については無料
- JR草津駅から近江鉄道バスで琵琶湖博物館前下車徒歩すぐ

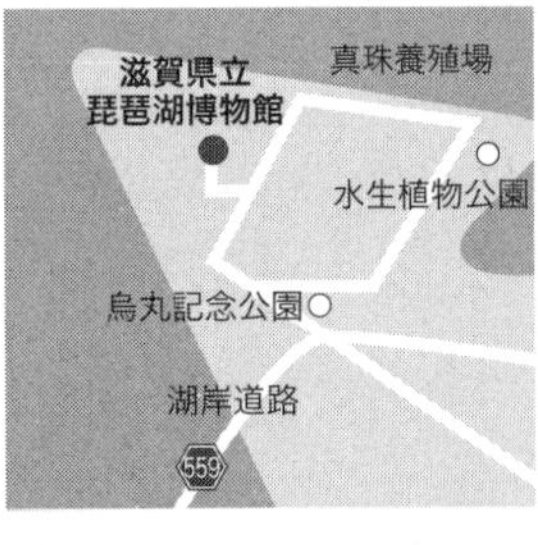

学芸員のイチオシコーナー

トンネルのなかから琵琶湖の湖底を探検

水族展示室では、琵琶湖を中心とした日本の淡水の生き物、および世界の代表的な湖の魚類の展示を行っています。琵琶湖の水中の様子を再現した「トンネル水槽」では、ふだん琵琶湖の沖合、竹生島《ちくぶしま》の周りに暮らす淡水魚が約300尾も泳ぎ回っています。この水槽は、水深6m、総水量は400tあり、淡水水族館としては日本最大級です。

下から見上げることで、めったに見られない魚の生態を観察することができます。

約200万年前の琵琶湖近辺を復元した「ゾウのいる森」では、高さ約4mのコウガゾウ（黄河象）の骨格組立標本のお腹の下を通り抜けることができる。

琵琶湖とその周辺の航空写真を床全面に焼きつけた「空からみた琵琶湖」。

ミュージアムショップで買いたいオリジナルグッズ

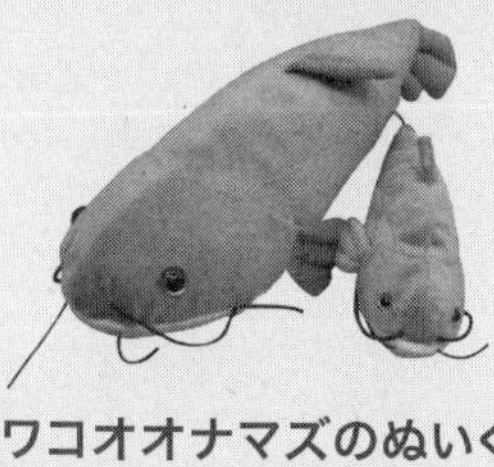

ビワコオオナマズのぬいぐるみ
Mサイズ　2,415円(税込)
Sサイズ　892円(税込)

琵琶湖と淀川水系にのみ生息する日本固有種であるビワコオオナマズのぬいぐるみ。ビワコオオナマズは成長すると体長120cmにもなるという日本最大のナマズ。

得 ミニ知識

大きくて、古い琵琶湖。そこに棲む動植物をみんなで守ろう

琵琶湖は今から400万～600万年前に形成されたといわれており、これは世界でもバイカル湖(ロシア、推定2500万年前)、タンガニーカ湖(タンザニア、推定2000万年前)に続く3番目に古い湖です。湖には1000種類余りの水生動植物が生息しているといわれていますが、そのうち約50種が琵琶湖だけに見られる特別な種類の生物です。なかにはカワムラナベブタムシのように『滋賀県レッドデータブック2005年度版』で絶滅危惧種に指定されている魚類もあります。

近年では、人の手によって琵琶湖に生息するようになったブラックバスをはじめとした外来魚により、長い間守られてきた生態系が崩れてきています。

地球生命の進化をたどる

神奈川県立
生命の星・地球博物館

かながわけんりつせいめいのほし・ちきゅうはくぶつかん

神奈川県小田原市

箱根の自然に囲まれた神奈川県立生命の星・地球博物館は、〝46億年前の地球誕生から地球の未来を考える〟をテーマに１９９５(平成7)年に開館しました。エントランスホールにはチンタオサウルスの骨格標本。その頭上には、壮大な展示テーマを予感させる「宇宙波」というタイトルの天井画が描かれています。「地球を考える」をテーマにしたコーナーには地球の神秘を感じさせる巨大な石灰岩(ストロマトライト)や、結晶がバラのように見える重晶石など不思議な岩石が並んでいます。「ジャンボブック」ゾーンには、高さ３・２ｍの立体百科事典が27冊。なかには実物標本や模型が組み込まれています。

世界各国から集まった資料が館全体で1万点近く展示されており、自然の神秘や美しさを感じさせてくれます。

チンタオサウルス(複製)。中国で発掘されたもの。

お出かけDATA

- 〒250-0031 神奈川県小田原市入生田499
- 0465-21-1515
- 9:00〜16:30(入館は16:00まで)
- 休 月曜日(祝日または振替休日の場合は翌火曜日休館)、年末年始
- ¥ 20歳以上(学生を除く)510円、20歳未満・学生300円、高校生・65歳以上100円、中学生以下は無料
- 箱根登山鉄道入生田駅から徒歩3分

神奈川の大地の進化をたどる「神奈川の自然を考える」コーナー。

壁一面に約1億7000万年前のアンモナイトが埋まっている。

学芸員のイチオシコーナー

3階から見下ろして感じる地球の息吹

46億年の地球の歴史と、そこに誕生した生命の多様性を紹介した展示を、どのコーナーをもってイチオシとするかはなかなか決めがたいものがありますが、あえてあげるなら、3階展示室から1階を俯瞰《ふかん》することをおすすめします。共生展示室からは、実物資料で組み上げられた特徴ある地球の景観が望め、神奈川展示室からの眺めは、巨大な板根《ばんこん》や恐竜の骨格、各種の剥製から地球生命の息吹が感じられるでしょう。

ミュージアムショップで買いたいオリジナルグッズ

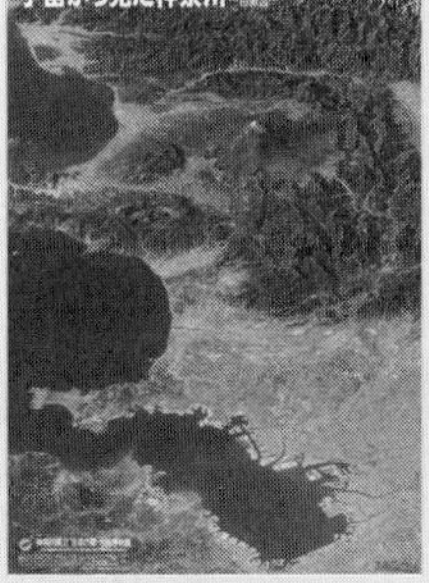

ポスター
750円(税込)
※通信販売では1部1,000円(税込)で販売。

クリアファイル
367円(税込)

宇宙から観測した人工衛星の画像をもとに新井田秀一学芸員が作成した「宙瞰図」。これをグッズにしました。

得 ミニ知識

宇宙の謎を秘めたいん石

地球に落ちてくるいん石は、鉄からできた鉄いん石、岩石からできた石質《せきしつ》いん石、鉄と岩石からできた石鉄《せきてつ》いん石の3つに分けられます。見つかっているいん石の多くは石質いん石です。いん石には太陽系をつくった物質が含まれていると考えられており、宇宙や地球の誕生の謎を解き明かす大切なカギが秘められているといわれています。地球に落ちてきたいん石のなかには、月や火星などから飛んできたと考えられているものもあります。

動く恐竜にいつでも会える

いのちのたび博物館

いのちのたびはくぶつかん

福岡県北九州市

昭和50年代にそれぞれ開館した北九州市立の3つの博物館(自然史、歴史、考古)が一体となり、充実した博物館として2002(平成14)年に開館しました。1階入口から広がる「アースモール」では奥行き100mの空間を利用して、地球誕生から現在までの道のりを化石や剥製などによってたどります。その奥に広がるのは「エンバイラマ館」。ここでは中生代ヘタイムスリップします。1億2000万年前の北九州の湖に泳ぐ魚たちをのぞき込み、鬱そうとした白亜紀の風景に囲まれたなかで、復元された恐竜たちが動き出す姿は迫力満点。館内に数カ所設けられた「ぽけっとミュージアム」では、学芸員が趣向を凝らして展示替えを行っています。いつ訪れても新しい発見ができるのが、この館の楽しさです。

哺乳類、爬虫類、魚類などの剥製や植物、昆虫などの標本がぎっしり。天井から吊り下げられているのは日本最大のウバザメなどの大型剥製。

お出かけDATA

- 〒805-0071 福岡県北九州市八幡東区東田2-4-1
- ☎ 093-681-1011
- 9:00～17:00(入館は16:30まで)
- 休 年末年始、6月下旬～7月上旬の1週間(害虫駆除)
- ¥ 大人500円、高校生以上の学生300円、小学生・中学生200円、小学生未満は無料 ※特別展は別途料金
- JRスペースワールド駅から徒歩5分

学芸員のイチオシコーナー

500万年の時を一歩で歩く「アースモール」

当館の常設展に来られただれもが、「アースモール」に入ったところで声を上げられます。古生代のフロアから一段高くなっている中生代フロアに多数並んだ恐竜たちの骨格が皆さんを見下ろしているのです。この「アースモール」は、生命の歴史を時間順に展示する長い空間で、皆さんの一歩がだいたい500万年（場所によって大きく違う）にあたります。生命の歴史をたどりながら歩いてください。

弥生時代の長野小西田遺跡がモデルの竪穴住居。

宝石のように青く輝く
モルフォチョウの標本。

ミュージアムショップで買いたいオリジナルグッズ

オリジナルスネーク鉛筆
1本157円（税込）

くねくね曲がる不思議な鉛筆。鉛筆削りで削れます。好きな長さに途中で切ってもOK!

得 ミニ知識

およそ3億年前にも昆虫が生きていた

3億年も前の古生代から、昆虫は化石としてたくさん発掘されています。たとえばバッタやトンボの一種から、ゴキブリの一種までさまざまです。そのほとんどは細かい構造の違いはあるものの、現在の昆虫の姿とあまり変わりません。

しかし、原トンボ目に属するメガニューラは、翅《はね》を広げるとその開張約70cmにもおよび、知られているなかでは最大の昆虫です。現在日本での最大種であるオニヤンマの開張は9〜11cm。どのような姿で大空を飛んでいたのか想像するだけで古代の世界が広がります。

生態学をゲームで学ぶ

大阪市立自然史博物館

おおさかしりつしぜんしはくぶつかん

大阪府大阪市

1958(昭和33)年の開館以来、リニューアルを行いながら、現在では大阪の自然の情報拠点として活動している博物館です。

博物館と隣接する「花と緑と自然の情報センター」をつなぐポーチの天井には、1990(平成2)年に大阪湾に漂着し、市民参加で標本にしたナガスクジラの実物骨格標本が、まるで大海原を泳いでいるように展示されています(外観写真参照)。展示室内で写真を撮ることができるのも、この博物館の特徴。ナウマンゾウといっしょに写真を撮る子どもたちの姿が印象的です。

ナウマンゾウ(生体復元)。

ナウマンゾウと同じ地層からしばしば見つかるヤベオオツノジカ。

学芸員のイチオシコーナー

自然の成り立ちをゲームで理解

展示では人間をとりまく自然とその仕組みや変遷を紹介していますが、そのまとめが第5展示室です。ここでは里山を例に、自然の成り立ちを考える「生態学」の理論を解説します。というとなんだか難しそうですが、ドングリの実が無事に芽吹くまでの生き残りを表現したボールコースター、里山を手入れする労働量に応じて景観が変わるシミュレータなどなど、ゲームがいっぱい! たくさん遊んで、身近な自然を楽しむ視点を増やしてください。

お出かけDATA

- 〒546-0034 大阪府大阪市東住吉区長居公園1-23 長居公園内
- ☎ 06-6697-6221
- 3~10月9:30~17:00、11~2月9:30~16:30(いずれも入館は閉館の30分前まで)
- 休 月曜日(祝日または振替休日の場合は翌火曜日休館)、年末年始
- ¥ 大人300円、高校生・大学生200円、中学生以下は無料
- 地下鉄御堂筋線長居駅から徒歩10分、JR阪和線長居駅から徒歩12分

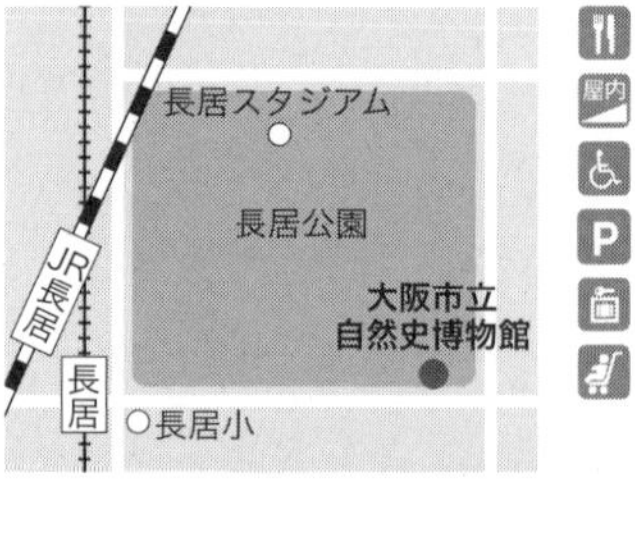

ルーツを探る博物館

いつの間にか考古学の楽しさにはまってしまう

奈良県立橿原考古学研究所附属博物館

ならけんりつかしはらこうこがくけんきゅうじょふぞくはくぶつかん

奈良県橿原市

西日本の縄文時代晩期を代表する奈良県の橿原遺跡。その発掘調査、出土品の公開を行う施設として、1940(昭和15)年に開館。1997(平成9)年にはリニューアルされました。

橿原遺跡だけではなく、奈良県内の遺跡や古墳の発掘調査で出土した実物資料を中心に展示しています。旧石器時代から平安、室町時代にいたるまで順をおって資料を見ていくことができるほか、ガイドボランティアの説明を受けることができるため、考古学の世界を大変わかりやすくたどっていくことができます。

また、「奈良の旅 ガイドボランティア」といっしょに遺跡をめぐる旅など、ユニークな企画も開催されています。

奈良県桜井市にある古墳時代の前方後円墳メスリ山古墳から出土した日本最大の円筒埴輪。

お出かけDATA

- 〒634-0065　奈良県橿原市畝傍町50-2
- 0744-24-1185
- 9:00～17:00(入館は16:30まで)
- 休 月曜日(祝日または振替休日の場合は開館し、その翌日が休館)、年末年始、臨時休館日 ※ホームページを参照
- ¥ 大人400円、高校生・大学生300円、小学生・中学生200円、65歳以上は常設展については無料
- 近鉄橿原線畝傍御陵前駅から徒歩5分、近鉄南大阪線橿原神宮前駅から徒歩15分

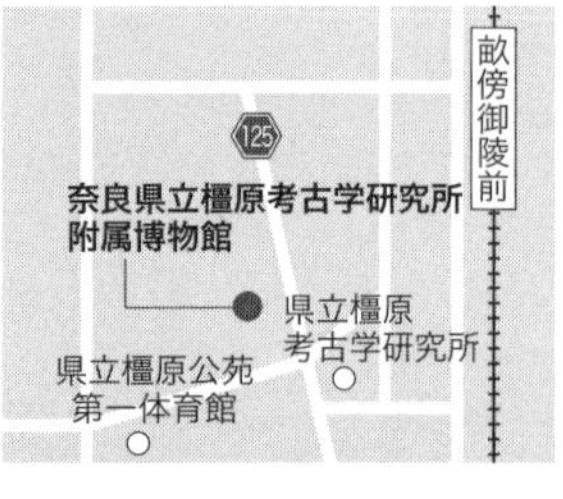

屋内

学芸員のイチオシコーナー

藤ノ木古墳から発掘された装身具

古墳時代から飛鳥・奈良時代、奈良は日本の中心地でした。そのため、日本でも随一の質、量を誇る実物の資料を展示しています。なかでも、メスリ山古墳から出土した高さ2・4mの日本最大の埴輪（重要文化財）や、未盗掘で発見された豪華な馬具や装身具などの藤ノ木古墳出土品（国宝）は必見です。ぜひ発掘された〝ホンモノ〟を見て、スケールの大きさや古代の技術者の技を感じてください。

藤ノ木古墳出土品。

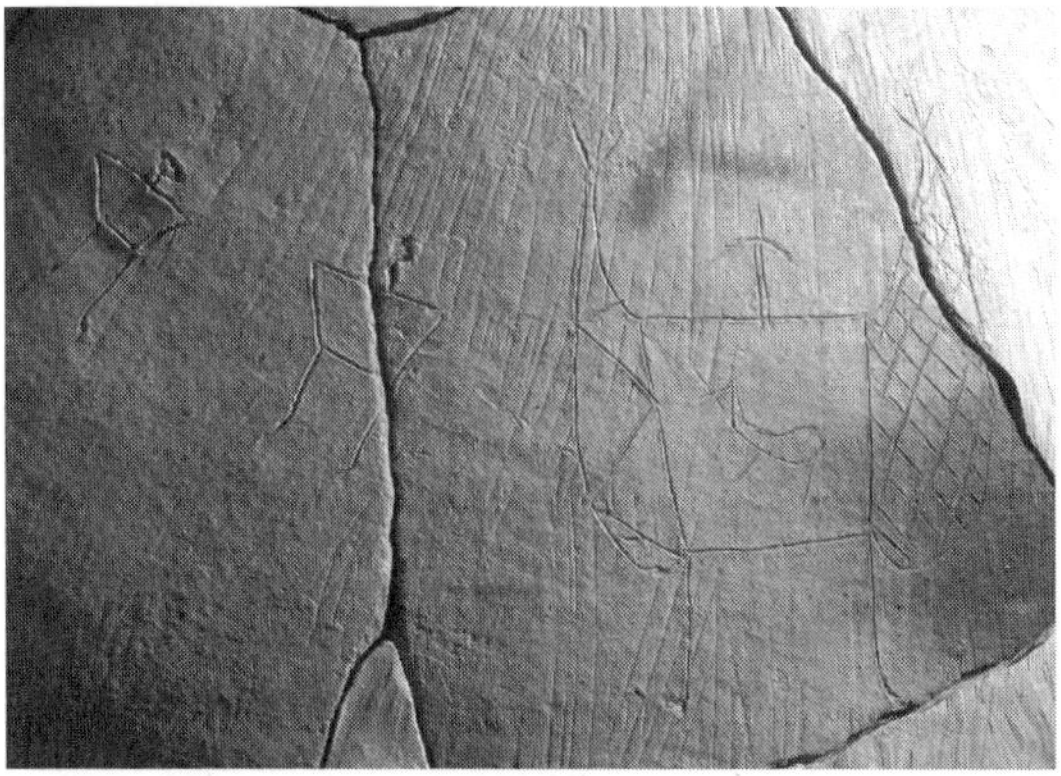

天理市で見つかった弥生時代中期から古墳時代中期の清水風遺跡で出土した弥生土器。巫女が描かれている。

奈良県北東部の山辺郡山添村にある縄文時代早期の大川遺跡から出土した底のとがった土器。

茶畑から発見されたという「太安萬侶墓誌」(文化庁所蔵)。

ミュージアムショップで買いたいオリジナルグッズ

三角縁神獣鏡《さんかくぶちしんじゅうきょう》手鏡《てかがみ》 1,260円（税込）

館の近くの新沢500号墳から出土した三角縁神獣鏡をもとにつくった手鏡です。

東西日本の交流を示唆する出土品（得 ミニ知識）

橿原市畝傍町にある橿原遺跡。ここは西日本の縄文時代晩期を代表する遺跡です。

この遺跡からは土器、石斧・石鏃《せきぞく》などの石器のほか、クジラやタイなどの骨も出土しており、山間部であるこの地域と海浜地域に交流があったことがわかります。さらに、東北地方で見つかる手の込んだつくりの大洞《おおぼら》式土器や、中部山岳・北陸地方の特徴をもった土器も出土され、遠方の地でつくられたものがここに持ち込まれたり、模倣してつくられていたことがわかります。橿原遺跡は西日本と東日本の交流の基点としての役割を果たしていたといえそうです。

ワクワク体験が盛りだくさん

兵庫県立考古博物館

ひょうごけんりつこうこはくぶつかん

兵庫県加古郡

兵庫県内には2万5000カ所以上の遺跡が点在しています。それらを中心とした考古資料を研究・展示するために2007(平成19)年に開館。半地下の建物、緑化された屋上は、環境と調和した環境融合型博物館として史跡公園「播《はり》磨《ま》大《おお》中《なか》古代の村」との一体化をはかっています。

ここでは、資料を見るだけではなく〝触れる・体感する〟をテーマにさまざまな体験ができます。「発掘ひろば」では、考古学者になったつもりで歴史の宝を掘りあてます。「バックヤード見学デッキ」では、展示されていない多くの収蔵資料を見ることができます。

また毎週土・日曜日には、出土品の復元を入館者の前で行う実演講座など、多彩な企画が目白押しです。

学芸員のイチオシコーナー

子どもたちの知的好奇心を満たす「発掘ひろば」

当館は考古学をテーマにした参加体験型の博物館です。いつでもできる古代体験のほか、展示にも随所に体験コーナーを取り入れています。なかでも体験展示室「発掘ひろば」は、考古学の基本について遊びながら楽しく学ぶことができるよう工夫を凝らしており、土器やまが玉、銅鐸などのレプリカの発掘体験ができる「発掘プール」は、子どもたちに特に人気のコーナーです。

お出かけDATA

- 〒675-0142 兵庫県加古郡播磨町大中1-1-1
- ☎ 079-437-5589
- 4～9月9:30～18:00、10～3月9:30～17:00(いずれも入館は閉館の30分前まで)
- 休 月曜日(祝日の場合は翌平日)、年末年始
- ¥ 一般200円、高校生・大学生150円、小学生・中学生100円　※県内在住・在学の小学生・中学生は無料
- JR土山駅から徒歩15分。第二神明道路明石西ICから3km

エントランスを入るとすぐに整然と土器が並ぶ「ときのギャラリー」。縄文時代から江戸時代まで3500年もの間土中に眠っていた土器から時の流れを追う。

自然と共に生きた人々の暮らしを再現して、自然環境と人間の関係から、歴史を考える。

海と陸の交通の要衝であった「ひょうご」。大陸と但馬を行き来した古代船などから人とモノの交流を知る。

ミュージアムショップで買いたいオリジナルグッズ

まが玉づくりセット
白350円、ピンク・黒各500円(税込)
ミニゴーフル　840円(税込)

古代の装身具・まが玉と館のシンボルマークがデザインされたオリジナルミニゴーフルはお土産に喜ばれています。

得 ミニ知識

住居の形が時代の移り変わりを物語る

兵庫県立考古博物館に隣接する大中遺跡（播磨大中古代の村）は兵庫県を代表する弥生時代後期の集落遺跡です。この遺跡が発見されたのは1962(昭和37)年。地元の3人の中学生が土器片を見つけたことがきっかけとなりました。ここからは、80以上の竪穴住居が見つかっていますが、まだ発掘作業はすべて終わっておらず、300以上の住居があるのではないかと推測されています。この遺跡の竪穴住居の特徴は、平面が六角形、正方形、長方形などさまざまな形をしている点があげられます。弥生時代から古墳時代へと移行するなかで、生活様式も変わっていったことを物語る資料として貴重なものです。

実物大の恐竜図鑑！

福井県立恐竜博物館

ふくいけんりつきょうりゅうはくぶつかん

福井県勝山市

恐竜に関する国内最大級の博物館として２０００(平成12)年に開館。国内で発掘された恐竜の化石のほとんどが、この福井県勝山市で発掘されています。その数はなんと全国の８割を占めるとか。展示は「恐竜の世界」「地球の科学」「生命の歴史」の３つのゾーンから構成されています。地上の入口は３階になっており、ここから一気に地下１階に下りていくと、そこは「ダイノストリート」。美しい化石標本が展示され、恐竜の世界への期待をふくらませてくれます。続く「恐竜の世界」は、天井の高さ約37m、４５００m^{2}の広大なドーム状の展示室。30体以上もの恐竜骨格が展示されています。福井で発掘された２体の恐竜骨格もあります。エントランスホールからは、化石のクリーニング作業の様子を見ることもできます。岩のなかから丁寧に化石を取り出す様子には、思わず見入ってしまうことでしょう。

CGとジオラマを駆使した展示で、恐竜がいた世界にタイムスリップしたような感覚を覚える。

お出かけDATA

〒911-8601
福井県勝山市村岡町寺尾51-11

☎ 0779-88-0001

9:00～17:00(入館は16:30まで)

休 年末年始、月2回(第2・4水曜日)

¥ 一般500円、高校生・大学生400円、小学生・中学生250円、未就学児と70歳以上は常設展については無料

えちぜん鉄道勝山永平寺線勝山駅からコミュニティバスで15分

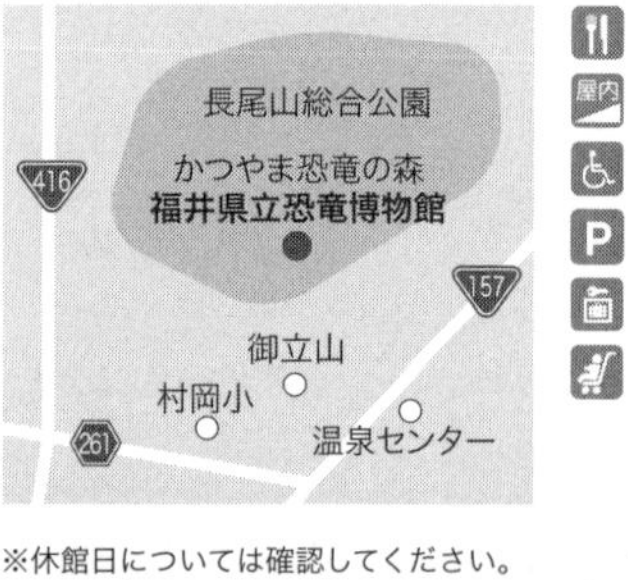

※休館日については確認してください。

学芸員のイチオシコーナー

国産の恐竜復元骨格フクイサウルスとフクイラプトルは必見！

当館で一番見てほしいのは、やはり国産の恐竜復元骨格であるフクイサウルスとフクイラプトルの２体です。昔は日本には恐竜がいないといわれていましたが、今や全国17道県で見つかっています。そのなかでも福井県は精力的に調査を行っており、発見量トップを誇っています。復元には恐竜の特徴を決定する多数の部位の発見が不可欠です。継続中の発掘でも多数の化石が発見されています。第３、第４の恐竜復元にご期待ください。

２階の「生命の歴史」ゾーン。ここでは、中生代の哺乳類、マンモスの骨格などを見ることができる。

30体以上の恐竜骨格が並ぶ。その一部は実物骨格。

ミュージアムショップで買いたいオリジナルグッズ

フクイラプトル復元フィギュア 1,200円（税込）
フクイラプトル骨格フィギュア 1,200円（税込）

日本で見つかっている獣脚類（２足歩行をする恐竜）のなかで唯一全身骨格が復元されているのがフクイラプトル。恐竜博物館の復元モデル製作者・荒木一成氏と海洋堂のコラボレーション。

得 ミニ知識

赤ちゃん恐竜の化石発見！

2008（平成20）年、恐竜化石発掘調査中に、恐竜の赤ちゃんの下あごの骨の化石がほぼ完全な形で発見されました。化石は長さ7.7cm、高さ3.2cmで、この種類の赤ちゃん化石は世界でもほとんど例がなく、また赤ちゃん恐竜の歯骨が発見されたのは日本では初めてのこと。復元されれば犬ほどの大きさの恐竜。恐いというより微笑ましい！

古墳の謎解きに出かけよう

宮崎県立西都原考古博物館

みやざきけんりつさいとばるこうこはくぶつかん

宮崎県西都市

九州で最大といわれる女狭穂塚《めさほづか》をはじめ、大小さまざまな古墳に囲まれた一角に2004(平成16)年に開館。まず最初に、エントランスホール奥にあるガラスデッキから展示室を一望。ここから長い導入スロープに足を踏み入れると、そこは過去への入口となっています。

映像と模型を多用した南九州の地勢や海外との交流の歴史、男狭穂塚《おさほづか》・女狭穂塚の模型、実際に手で触って感触を確かめることができる土器など、五感をフルに使って楽しめるのが、この博物館の特徴。ユニバーサルデザインの配慮が行き届いており、歩く速さにあわせて、身につけたガイドジャケットから展示解説が聞こえる音声ガイドは、マイペースで見学できると好評です。

学芸員のイチオシコーナー

今も発見され続ける古墳時代の埋葬施設群

最大の見どころは、全国的にみても質・量共に最高レベルにある古墳時代の人骨と鉄製品です。

1500年前の南九州では、地下式横穴墓という独特の構造をした埋葬施設が数多くつくられており、現在、多くの遺物が地下の空間から発見され続けています。その多くが土が被らない状態で発見されていることから、概して保存状態がよく、特に当時の人骨、また数多くの副葬品(特に鉄製品)は、古墳時代研究の一級の資料といえます。

お出かけDATA

- 〒881-0005　宮崎県西都市大字三宅字西都原西5670
- 0983-41-0041
- 10:00～18:00(入館は17:30まで)
- 休　月曜日(祝日または振替休日の場合は翌火曜日休館)、休日の翌日(土・日曜日または祝日にあたる場合を除く)、年末年始
- ¥　無料
- 宮崎市内より国道219号線経由で40分、東九州自動車道西都ICから10分

西都原古墳群の中心となる男狭穂塚・女狭穂塚の60分の1の模型。その配置や形は謎に包まれているという。

水稲耕作によって日本列島のなかに内陸部と平野部の差が現れる時代を土器などで確認することができる。

すべての角度から展示物を見ることができるオープン展示。

ミュージアムショップで買いたいオリジナルグッズ

ミュージアムショップ
オリジナルグッズセット 850円（税込）

博物館のシンボルマークが入ったオリジナルグッズ（メモクリップ、e-クリップ、アドメジャー、カードルーペ、メモ帳）をセットにしました。単品でも販売しています。

得 ミニ知識

仲良く並んで築造された古墳には誰が祀られているのか？

九州でも最大級の古墳といわれる男狭穂塚・女狭穂塚。築造は5世紀初め頃といわれていますが、両古墳共に宮内庁の管轄下に置かれ調査、発掘は行われていない謎の多い古墳です。ふたつの古墳は重なるように築造されており、埋葬されている人物についてはニニギノミコト、コノハナサクヤヒメなどさまざまな説があります。

男狭穂塚の墳長は約176m。古墳には前方後円墳や円墳、方墳などの種類がありますが、男狭穂塚は帆立貝形古墳で、全国に450余基ある同じ種類の古墳のなかでは最大です。一方の女狭穂塚も墳長176m。前方後円墳としては九州最大です。

懐かしい小学校が博物館に大変身！

長野市立博物館分館
戸隠地質化石博物館
ながのしりつはくぶつかんぶんかん とがくしちしつかせきはくぶつかん

長野県長野市

長野市立博物館の分館として、廃校となった小学校の校舎を利用し、戸隠の化石を展示する博物館として２００８(平成20)年に開館。校舎を再利用しているため、校長室がライブラリーに、理科室は化石のクリーニング室に変身しています。ほかではなかなか見ることのできない収蔵スペースや、化石のクリーニングなどを行うクリーニング室なども見学できます。

館内では机やロッカーなどその面影を残すアイテムが展示に利用されており、親しみのある雰囲気はまさに地域に根ざした博物館といえます。

ミンククジラの骨格標本。

ナウマンゾウの化石。

学芸員のイチオシコーナー

中国と日本は地続きだった！ シンシュウゾウの下顎化石

地元の小学生が見つけ、１９８３(昭和58)年に発掘した下顎骨の化石です。約３００万年前の地層から産出し、左右2本ずつの臼歯がそろった貴重な資料です。絶滅した象のグループ、ステゴドン科のなかで最も巨大化し、高さ4m近くもあったコウガゾウ(黄河象)の仲間のものと考えられています。約５００万年前、中国と日本が地続きとなり、こうした大型の象が渡ってきたのでしょう。長野県天然記念物に指定されています。

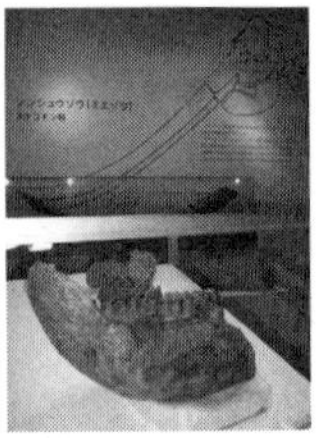

お出かけDATA

- 〒381-4104 長野県長野市戸隠栃原3400
- ☎ 026-252-2228
- 9:00〜16:30(入館は16:00まで)
- 休 月曜日(祝日または振替休日の場合は翌火曜日休館)、年末年始 ※7月下旬から8月下旬までは休館日なし
- ¥ 一般200円、高校生100円、小学生・中学生50円
- JR長野駅から車で30分

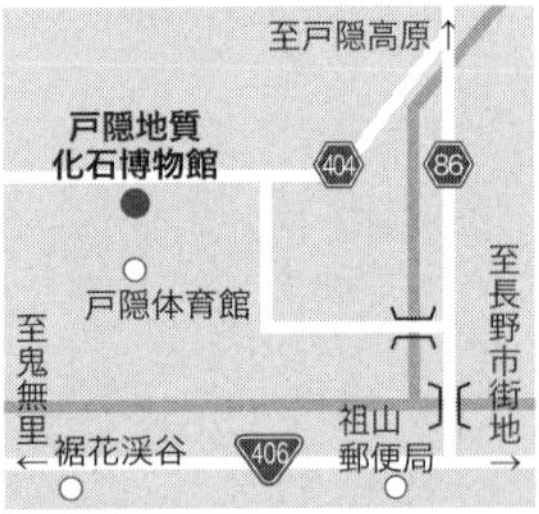

ユニークな顔の埴輪が並ぶ

芝山町立芝山古墳・はにわ博物館

しばやまちょうりつしばやまこふん・はにわはくぶつかん

千葉県山武郡

千葉県内を中心に、関東地方の古墳文化を扱った博物館です。芝山町内には、かつては500基の古墳があったとされ、なかには全長70mにもおよぶ巨大なものも見られます。展示室の床面の芝山町古墳分布地図を見ると、その数の多さに改めて驚くことでしょう。

この地方で出土する埴輪は、5世紀後半から7世紀初めまでのもので、円筒型から人物、動物、家など種類もさまざま。なかには1m近くあるものもあり、想像以上の大きさです。

出土品から、当時の服装などを再現したコーナー。

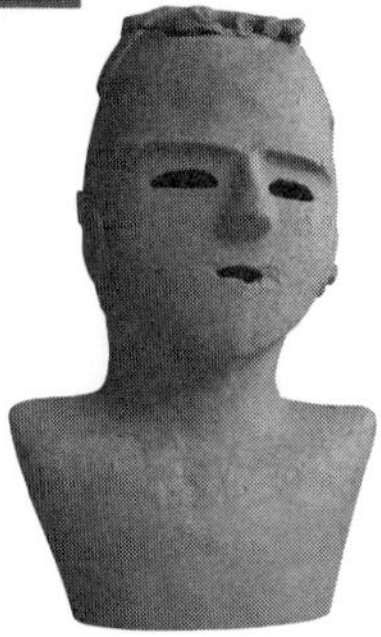

山田・宝馬188号墳から出土した女性の埴輪。

学芸員のイチオシコーナー

埴輪の違いを知る

当館の展示のメインは、千葉県内から出土したさまざまな埴輪を比べてみることで、第1展示室ではそれらの種類や特徴を知ることができます。埴輪が、古墳に葬られた豪族の霊を守るために立てられ、やがて人物埴輪を交えて儀式の様子を表現するようになったこと、同じ千葉県内でも山武《さんむ》地域と利根川流域の旧下総国地域とでは、出土する埴輪のタイプが違うことが比較できます。

ぜひ自分の目で確かめてください。

お出かけDATA

〒289-1619
千葉県山武郡芝山町芝山438-1
☎ 0479-77-1828
9:00〜16:30
休 月曜日（祝日または振替休日の場合は翌火曜日に休館）、祝日の翌日、年末年始
¥ 大人200円、小学生・中学生100円
芝山鉄道芝山千代田駅・JR松尾駅から芝山ふれあいバスで芝山仁王尊下車徒歩5分

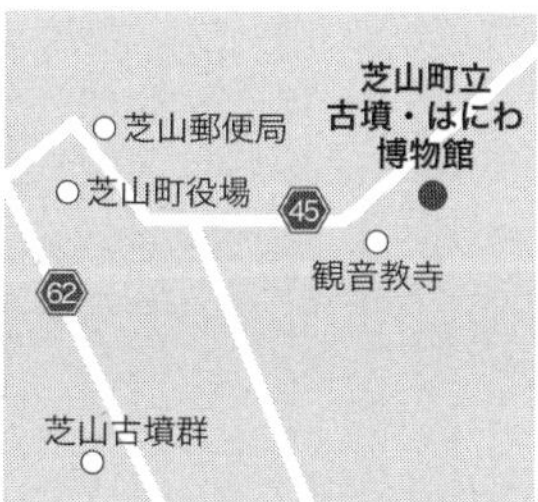

国内で唯一の人類学専門の博物館

土井ヶ浜遺跡 人類学ミュージアム

どいがはまいせきじんるいがくみゅーじあむ

山口県下関市

弥生時代の埋葬跡として山口県最西端に位置する土井ヶ浜遺跡。ここは国の指定史跡で、1953(昭和28)年から発掘調査が行われています。

埋葬跡だったとはいえ、300体以上の弥生人骨が大変よい状態で出土した遺跡は、国内では土井ヶ浜遺跡だけであるといわれています。

博物館では日本人の頭蓋骨や身長の変遷、人骨から復元された縄文人や弥生人などと現代の私たちとを比較する展示方法がとられており、遥か古代の日本人の姿が現代によみがえってくるようです。

館内の「弥生シアター」では大画面3D映像で『よみがえる弥生人』を毎日上映。弥生人の謎に迫ります。

また、敷地内にある「土井ヶ浜ドーム」では、出土人骨約80体の発掘状況を再現(下の写真参照)。日本人のルーツを知るためには、見逃せない博物館です。

学芸員のイチオシコーナー

80人の弥生人が眠る、圧巻の「土井ヶ浜ドーム」

「土井ヶ浜ドーム」では、約80体の人骨(レプリカ)が発掘された状況で復元されています。これだけ大規模な埋葬状態の復元は圧巻。土井ヶ浜弥生人の埋葬の特徴は、顔を同じ方向(西、海岸)に向けて埋葬することですが、その様子がひと目でわかります。

お出かけDATA

- 〒759-6121 山口県下関市豊北町大字神田上891-8
- ☎ 083-788-1841
- 9:00～17:00(入館は16:30まで)
- 休 月曜日(祝日または振替休日の場合は翌火曜日休館)、年末年始
- ¥ 大人500円、大学生等300円、18歳以下と70歳以上は無料
- JR長門二見駅からバスで土井ヶ浜下車徒歩5分

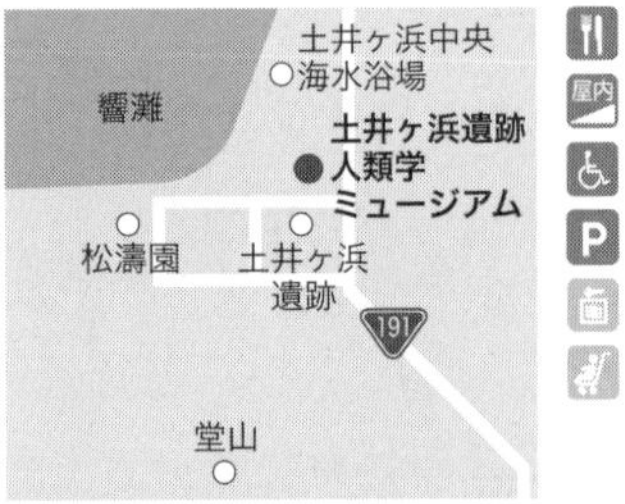

土井ヶ浜から出土した弥生土器。

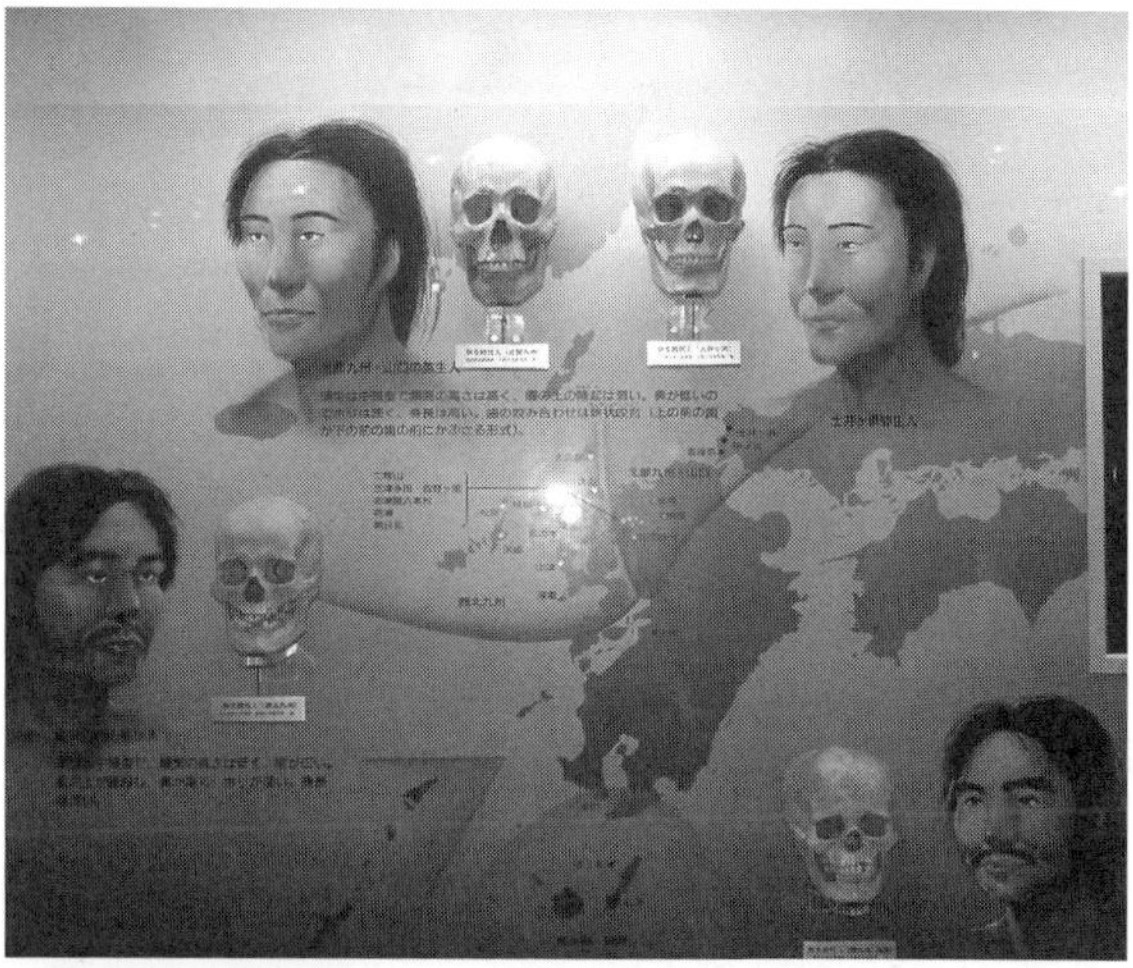

日本人の顔が時代と共に変化していくことが、発掘された人骨からわかる。弥生人は3つに分けることができるが、土井ヶ浜遺跡から発掘されたタイプは、顔が長く、鼻が低い特徴があるという。

弥生人の復元像。

ミュージアムショップで買いたいオリジナルグッズ

土器のレプリカ　3,000円(税込)

遺跡の発掘時に人骨といっしょに出てきた土器の5分の1サイズのレプリカ。本館で購入できます。

得 ミニ知識

現代人と違う？ 変わらない？ 弥生人の特徴とは

土井ヶ浜遺跡は弥生時代の埋葬跡として有名な遺跡です。弥生時代とは、水稲農耕が広がった紀元前５世紀半ば頃から３世紀頃までを指しています。

弥生人の特徴は、身長は男性でおよそ164cm、女性でおよそ150cm。顔立ちは面長でのっぺりとし、一重まぶたで、唇が薄かったそうです。また歯の大きさは、現代の私たちよりも大きかったといわれています。

女性はおしゃれ好きらしく、さまざまな素材や形のアクセサリーが出土しています。

古代史の謎を秘めた鉄剣を間近で見る

埼玉県立さきたま史跡の博物館

さいたまけんりつさきたましせきのはくぶつかん

埼玉県行田市

行田市埼玉《さきたま》にある国指定史跡「埼玉古墳群」。ここは埼玉県の県名発祥の地であるといわれています。

大型の古墳群が多いことでも有名で、1938(昭和13)年に国の史跡として指定を受けて整備した後、9基の古墳を中心とした32万m^2を超える古墳公園の一角に、前身である「さきたま資料館」を1969(昭和44)年に開館。2006(平成18)年にはリニューアルしてさきたま史跡の博物館となりました。館は世紀の大発見といわれた「金錯銘鉄剣《きんさくめいてっけん》」や埴輪、鏡など国宝のための展示室と、「将軍山古墳展示館」に分かれています。将軍山古墳展示館には1894(明治27)年に発掘された横穴式石室が復元され、石室内を見学することができます。副葬品の状況から、当時の埋葬の様子がわかります。

学芸員のイチオシコーナー

5世紀を物語る「金錯銘鉄剣」

1968(昭和43)年、稲荷山古墳の発掘調査が行われ、錆びた鉄剣が出土しました。10年後、錆を防ぐ保存処理が行われ、金文字が発見されました。そこには、鉄剣の持ち主ヲワケの8代におよぶ系譜と、天皇の系譜に連なる畿内の大王の護衛隊長として活躍したことが記されています。

謎の5世紀を語る資料として、1983(昭和58)年に国宝に指定されました。

お出かけDATA

- 〒361-0025 埼玉県行田市大字埼玉4834
- ☎ 048-559-1111
- 9:00〜16:30、7月1日〜8月31日は9:00〜17:00(いずれも入館は閉館の30分前まで)
- 休 月曜日(祝日または振替休日の場合は翌火曜日に休館、ゴールデンウイークを除く)、年末年始
- ¥ 一般200円、高校生・学生100円、中学生以下と65歳以上は無料
- JR吹上駅からバスで産業道路下車徒歩約15分、JR行田駅からバスで埼玉古墳公園前下車徒歩約2分

さきたま古墳群の全景。約22.3 haが史跡に指定されている。

直径105mの日本最大の円墳・丸墓山《まるはかやま》古墳。頂上に登ると稲荷山古墳の姿をよく見ることができる。

かぶとをかぶった「武人埴輪」の頭部。稲荷山古墳から巫女や馬、猪などの埴輪といっしょに出土された。

ミュージアムショップで買いたいオリジナルグッズ

まが玉つくりセット　200円(税込)

紙やすりで削って磨いて、自分でまが玉をつくってみましょう。素材はやわらかな滑石です。石は３種類から選べます。

得 ミニ知識

さきたま古墳群のなかで最初につくられた稲荷山古墳

国宝の金錯銘鉄剣が出土した稲荷山古墳は、５世紀後半につくられた前方後円墳で、さきたま古墳群のなかで最初に出現した古墳です。以前は古墳の上に稲荷社《いなりしゃ》があったことから、稲荷山と呼ばれるようになりました。墳丘《ふんきゅう》の全長は120 m、高さは12 m近くあり、古墳の周りは二重に濠がめぐらされていたと考えられています。

稲荷山古墳の前方部は1937(昭和12)年に、沼地埋め立て工事のための土採り場となって破壊されてしまいました。現在の古墳は復元されたものです。

古代に流行した耳飾りとは?

榛東村耳飾り館

しんとうむらみみかざりかん

群馬県北群馬郡

群馬県榛東村にある国史跡茅野《かやの》遺跡から出土した、５７７個の土製耳飾り(国指定重要文化財)を中心に、縄文時代(約３０００年前)のさまざまな道具や暮らしの様子を展示した施設として１９９２(平成４)年に開館。世界中から収集した１０００余点のイヤリングやピアスなども展示されています。

土製耳飾りをはじめ、クマの牙のペンダントや櫛、毛皮の靴など、縄文人の衣装が着られる縄文衣装体験は子どもたちに大人気。まが玉や縄文土器の拓本しおりをつくる体験もできます。

茅野遺跡から出土された土製耳飾りを模したモニュメント。

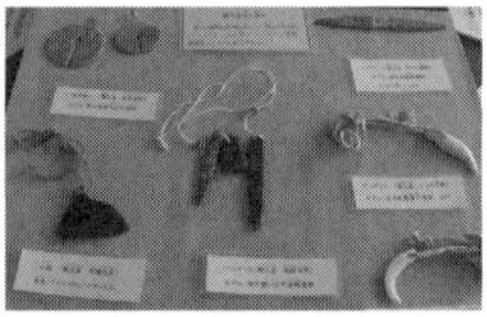

手に取って見られる縄文アクセサリー(復元品)。

学芸員のイチオシコーナー

縄文時代の大型ピアス

榛東村耳飾り館のイチオシは設立のきっかけともなった縄文時代の集落跡、榛東村茅野遺跡から出土した土製耳飾りです。土製耳飾りは円盤型の大型のピアス式の耳飾りで、耳たぶに穴をあけて伸ばし、装着したと考えられています。

今から２５００年から３０００年ほど前の縄文時代の終わり頃に、関東地方を中心とした地域で流行した耳飾りの、文様のユニークさや種類の豊富さ、製作技術の高度さなどをじっくりと観察してほしいと思います。

お出かけDATA

〒370-3502　群馬県北群馬郡榛東村大字山子田1912

0279-54-1133

9:00～17:00(入館は16:30まで)

休 月曜日(祝日または振替休日の場合は翌火曜日休館)、年末年始

¥ 一般500円、小学生・中学生300円

JR渋川駅から車で20分

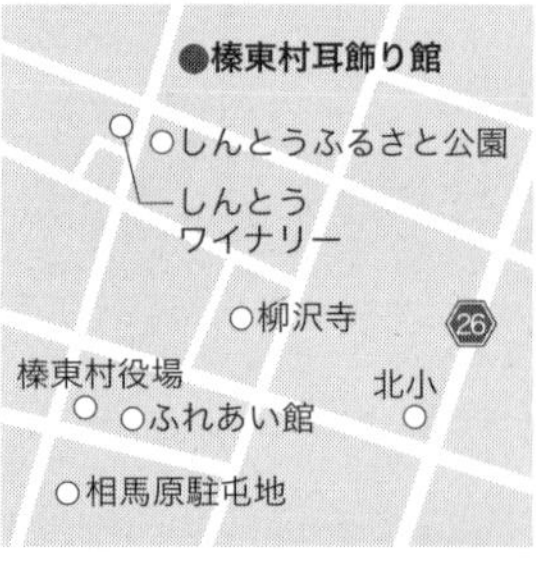

体験したら
もっと楽しい
博物館

ユニークな発想が次々に飛び出すここだけの体験

インスタントラーメン発明記念館

いんすたんとらーめんはつめいきねんかん

大阪府池田市

インスタントラーメン発祥の地・大阪府池田市に、施設内容をより充実させ、2004(平成16)年に拡張新築オープンしました。インスタントラーメンの発明者であり、後の日清食品の創業者である安藤百福氏は池田市の自宅裏庭の小屋で研究を重ね、1958(昭和33)年8月25日にチキンラーメンを発売。世界初のインスタントラーメンは、小さな小屋のなかで、見慣れた調理器具によって生まれたのです。記念館は発明、発見の大切さを伝える「体験型食育ミュージアム」で、「チキンラーメン手作り体験工房」(要予約)では小麦粉からチキンラーメンをつくったり、「マイカップヌードル・ファクトリー」(予約不要)ではカップに自分でデザインし、なかに入れるスープと具をチョイスできたり、ここでしか体験できないことがぎっしり。チキンラーメン手づくり体験は人気が高いので早めの予約がおすすめ。

日清食品の歴代の主な商品パッケージを頭上まで覆い被さるボリュームで展示。インスタントラーメンの歴史を再確認できる。

お出かけDATA

- 〒563-0041 大阪府池田市満寿美町8-25
- 案内ダイヤル：072-752-3484、予約専用ダイヤル：072-751-0825
- 9:30〜16:00(入館は15:30まで)
- 休 火曜日(祝日の場合は翌日休館)、年末年始
- ¥ 無料　※体験工房は有料
- 阪急電車宝塚線池田駅から徒歩約5分

記念館のイチオシコーナー

一度は体験したい チキンラーメンづくり

インスタントラーメン発明記念館では、2つの体験がおすすめです。「チキンラーメン手作り体験工房」では、世界初のインスタントラーメン「チキンラーメン」を、小麦粉をこねるところから袋に入れるまで、すべて手づくりで体験できます。また、「マイカップヌードル・ファクトリー」では、自由にカップをデザインし、お好みのスープ・具材をトッピング。世界でひとつだけのオリジナル「カップヌードル」を持ち帰ることができます。

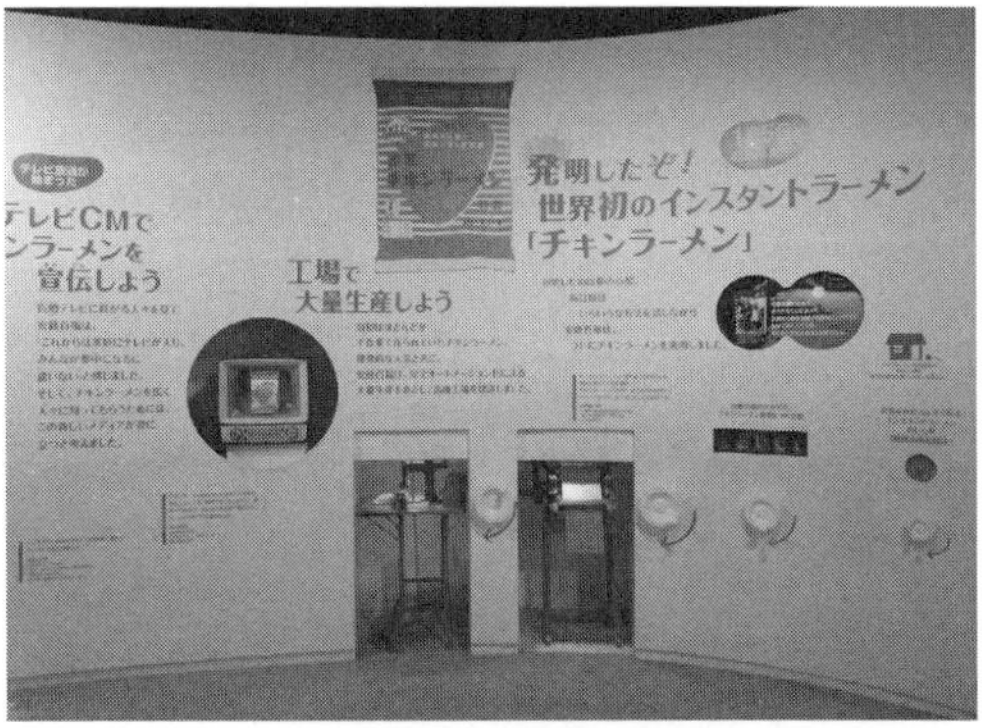

安藤百福の足跡やインスタントラーメンの歴史などを展示。

安藤百福がチキンラーメンを開発していた当時の研究小屋。研究に使われた道具や発明時のエピソードも解説。

ミュージアムショップで買いたいオリジナルグッズ

チキンラーメンどんぶり消しゴム
カップヌードル消しゴム
割箸えんぴつ　いずれも100円（税込）

消しゴムのなかに入っている麺も消しゴム！

得 ミニ知識

世界の国々でも愛されているインスタントラーメン

日本人は、1年間にどのくらいのインスタントラーメンを食べているか知っていますか？　なんと、1人当たり年間40.9食にもなります。

そして世界では、1年間に936億食が50カ国（地域含む）で消費されています。その半数は中国やインドネシアをはじめとしたアジア諸国。インスタントラーメン誕生の地である日本からも、年間8120万食が輸出されており、年々需要は増加しています。

※データは、社団法人日本即席食品工業協会の2008年度調査結果参照。

体を使ってものづくりを体験

INAXライブミュージアム

いなっくすらいぶみゅーじあむ

愛知県常滑市

「窯のある広場・資料館」「世界のタイル博物館」「陶楽工房」の既存の文化施設に、「土・どろんこ館」「ものづくり工房」が加わり、2006（平成18）年10月、INAX創業の地・愛知県常滑市にグランドオープン。国の有形文化財に指定されている煙突と窯を備えた「窯のある広場・資料館」は、1921（大正10）年に築かれたもので、土管や焼酎瓶などが製造されていた建物を活用。かつて土管の町として知られ、多くの窯が築かれていた常滑を紹介しています。

「土・どろんこ館」では、土をふんだんに用いた建物のなかで、光るどろだんごづくり体験教室を開催。子どもも大人も〝土〟の温かさを体感し、ものづくりの楽しさを味わえる施設です。

館のシンボルである
〝土・火・水〟を表す色とデザインの入館券。

光るどろだんごをつくったり、土のパステルをつくったり、土との触れ合いを楽しむ「土・どろんこ館」は子どもだけでなく大人にも人気。

お出かけDATA

- 〒479-8586　愛知県常滑市奥栄町1-130
- ☎ 0569-34-8282
- 10:00〜17:00（入館は16:30まで）
- 休 第3水曜日（祝日または振替休日の場合は翌木曜日に休館）、年末年始
- ¥ 一般600円、高校生・大学生400円、小学生・中学生200円、70歳以上は500円
- 名鉄常滑線常滑駅からバスでINAXライブミュージアム前下車徒歩2分

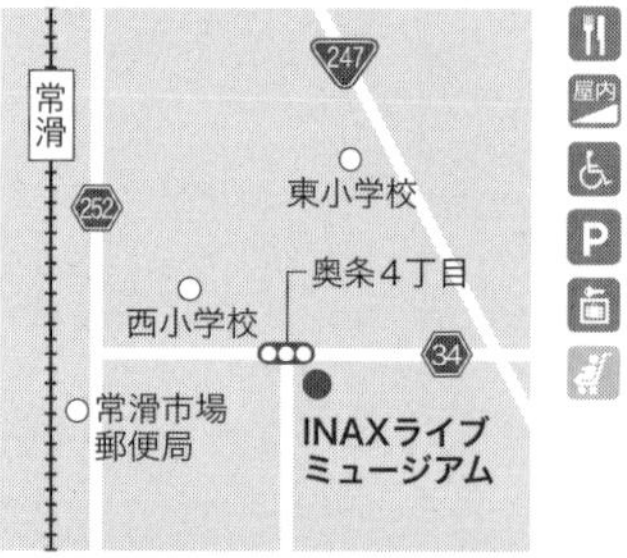

学芸員のイチオシコーナー

「世界のタイル博物館」でピラミッド内部のタイルと遭遇

世界25カ国の装飾タイルを集めたコレクションから1000点のタイルが展示されている「世界のタイル博物館」は、日本で唯一のタイルの博物館です。エジプトのピラミッドの地下空間を飾った「世界最古のタイル」など、貴重なコレクションが見られるほか、1階の常設展示室では6つのタイル装飾空間を再現し、5500年にもおよぶ世界の装飾タイルの歴史を紹介しています。

円錐形のやきものを幾何学模様に配した古代メソポタミアの装飾壁や、モザイクタイルで再現したイスラームのドーム天井は圧巻です。

1921年に築かれた窯を「窯のある広場・資料館」として公開。写真はその内部。

2階常設展示室。

イスラームのドーム天井の装飾。

ミュージアムショップで買いたいオリジナルグッズ

ポストカード　1枚120円(税込)

世界の装飾タイルコレクションから、100点を厳選したオリジナルのポストカード。お気に入りの1枚を見つけたい。

世界最古のタイルはトルコ石ブルー

得 ミニ知識

日本におけるタイルは、仏教伝来後の588年に、仏教寺院の建設のための瓦の製造技術が、朝鮮の百済から技術者と共に伝来したことがルーツといわれています。では、世界ではどうだったのでしょうか？

世界最古の石造建築である、エジプトのジェセル王の墓(ピラミッド)の地下通路の壁面から、トルコ石ブルーの陶磁器片が大量に発見されました。これがタイルの始まりとされています。ジェセル王のピラミッドは紀元前2650年頃のものといわれていますから、この頃にはすでに色あざやかなタイルをつくる技術があったようです。

宇宙好きなら、ぜひ一度は足を運びたい

はまぎん こども宇宙科学館

はまぎん こどもうちゅうかがくかん

神奈川県横浜市

緑のかまぼこ型の屋根が目印のはまぎん こども宇宙科学館。「宇宙と横浜」をテーマに開館し、2007(平成19)年には、全天周デジタル映像投影装置を導入しリニューアルオープン。「宇宙劇場」「宇宙トレーニング室」「宇宙船長室」など、聞いただけでも体験したくなる展示物が盛りだくさんです。

館の目玉である「宇宙劇場」ではドーム直径23mの天空に、ふだん見ることのできない7・9等星まで約3万8000個の星を映し出します。また、毎日開催される「サイエンスショウ」や「ミニ実験」では、磁石や水などを使って子どもたちが科学を楽しみながら理解できるような工夫が凝らされています。

学芸員のイチオシコーナー

"生命のバランス"を水槽のなかの生き物から学ぶ

5階「宇宙船長室」の奥に足を伸ばすと、球形の水槽という閉ざされた空間で生き物たち(魚や水草など)が暮らしています。2009(平成21)年8月1日現在までの1323日間、誰一人として蓋をあけたり、手を加えたりしていません。水槽内のバランスが崩れると、すべての生き物が絶滅することもあります。地球も大きな"生命のバランス"のようなもの。「生命のバランス」を眺めながら、地球環境について考えてみるのもよいかもしれません。

お出かけDATA

〒235-0045
神奈川県横浜市磯子区洋光台5-2-1
☎ 045-832-1166
9:30～17:00、夏休みは9:30～18:00(いずれも入館は閉館の1時間前まで)
休 第3月曜日(祝日または振替休日の場合は変更。夏休みは無休)、年末年始
¥ 大人400円、小学生・中学生200円
JR洋光台駅から徒歩3分

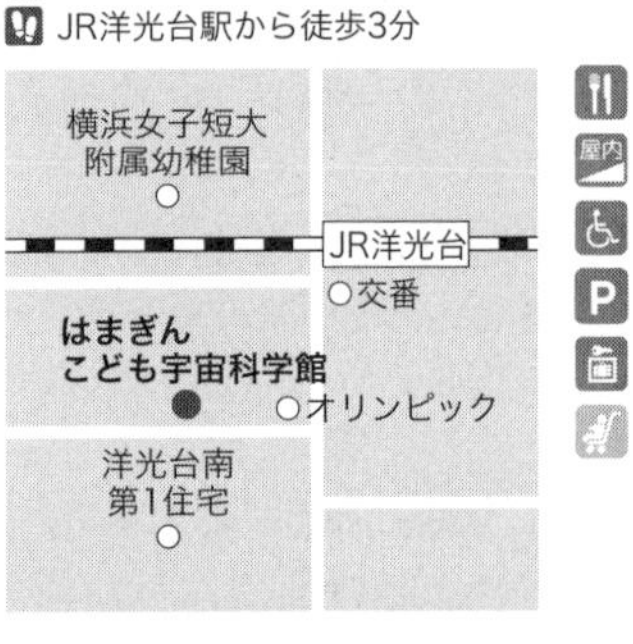

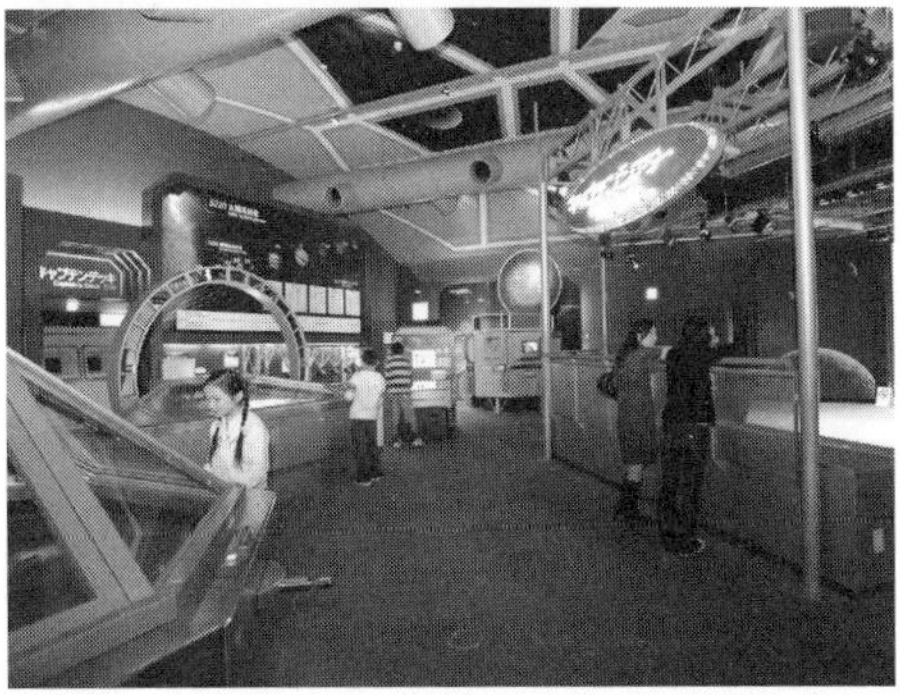

宇宙地図、宇宙通信から太陽系など宇宙に関する知識、宇宙航行のテクニックを学ぶ５階の「宇宙船長室」。

ゲームをしながら惑星の大きさが違うことを感じて学ぶ「惑星レール」。

４階の「宇宙発見室」では電磁波や電波、光などに関する実験が充実。

ミュージアムショップで買いたいオリジナルグッズ

星の子せんべい　1個399円（税込）

長い間横浜の子どもたちに親しまれている館にぴったりのおせんべい。左はザラメ、右は醤油味。味にこだわった本格派です。

得 ミニ知識

生活のなかにも“宇宙”を感じる

　宇宙開発は、時代の最先端技術です。ロケット本体や宇宙飛行士が身につける装置、食事などには、さまざまな技術の粋が凝縮されています。そして、その技術は私たちのふだんの生活のなかでも生かされています。

　たとえば、耳のなかで測る体温計。これは、地球から遥か遠く離れた星の温度を測るために開発された技術です。また、低反発ウレタンは飛行士の座席用に開発されたもの。枕や断熱材などに商品化されています。

地球、宇宙の大きさに触れてみる

多摩六都科学館

たまろくとかがくかん

東京都西東京市

宇宙、生命、生活、地球、地域の5つのテーマを科学の目で学び、体験できる科学館として1994(平成6)年に開館。5つのゾーンでは、国際宇宙ステーション日本実験棟「きぼう」の実物大模型（一部）、ロボットアームを疑似体験できるゲーム、動体視力ゲーム、反射神経ゲームなど、模型やゲーム、ジオラマなどによって科学の不思議を体で感じる工夫が凝らされています。直径27・5mのプラネタリウム「サイエンスエッグ」も人気の施設で、臨場感あふれる天体ショーは驚きの連続です。

スペースシャトル「エンデバー」の実物大模型（頭部のみ）。

学芸員のイチオシコーナー

日本が誇る「スーパーカミオカンデ」「光電子増倍管」

展示室「宇宙の科学」には、宇宙や物質の謎を探る実験観測装置「スーパーカミオカンデ」の縮尺模型と、装置で使用されている巨大な電球形の光センサー「光電子増倍管」の実物があります。直径50cmのガラス球は世界最大で、技術者による手づくりです。装置では、物質を構成する最小の基本粒子のひとつであるニュートリノを観測します。日本が高い業績を誇るニュートリノ研究は、宇宙を解明する手がかりとして注目されています。

お出かけ

〒188-0014
東京都西東京市芝久保町5-10-64

042-469-6100

9:30～17:00（入館は16:00まで）

休 月曜日（祝日は開館）、祝日の翌日、年末年始
※機械整備のための不定期の休館あり

¥ 大人500円、4歳～高校生まで200円
※プラネタリウムなどの観覧は別途料金が必要

西武新宿線花小金井駅北口から徒歩18分

北海道・旭川で北国を科学する！

旭川市科学館「サイパル」

あさひかわしかがくかんさいぱる

北海道旭川市

「地球コーナー」「宇宙コーナー」のほか「北国コーナー」といった北海道ならではのユニークなテーマをもった科学館が、ここ旭川市科学館「サイパル」です。常設展示には多くの展示物が設置されていますが、なかでもマイナス30℃になる低温実験室は大人気で、ダイヤモンドダストや凍ったシャボン玉などをつくる実験は大人も興味をそそられる充実した内容です。また、大小ふたつの天文台では、昼間の星や太陽を無料で観測することができます。ここでは車椅子の人も天体観測ができるように配慮されています。科学館の周りは約5000m²の野外自然観察空間となっており、北海道の自然を存分に楽しめます。

月面の重力を体感する「ムーンジャンプ」。

学芸員のイチオシコーナー

星や天体に親しむプラネタリウム

〝イチオシ〟はプラネタリウムです。4人の解説者による個性あふれる生解説を、直径18mのドームに季節ごとの満天の星空を再現しながら楽しめます。また、ドームを利用した全天周ドーム映像やプラネタリウムコンサートなど、天体や天文現象に親しんでもらえる取り組みも行っています。客席は170席。障害を持った方が介助者といっしょに観覧できるペアシートや車椅子スペースなど、ユニバーサルデザインにも配慮しています。

お出かけDATA

- 〒078-8329　北海道旭川市宮前通東（北彩都あさひかわシビックコア地区）
- 0166-31-3186
- 9:30～17:00（入館は16:30まで）
- 休　月曜日（祝日または振替休日の場合は翌火曜日に休館）、年末年始、毎月末の平日
- ¥　大人400円、高校生250円、中学生以下は無料　※プラネタリウムなどについては別途観覧料が必要
- JR函館本線・宗谷本線旭川駅からバスで科学館前下車徒歩5分

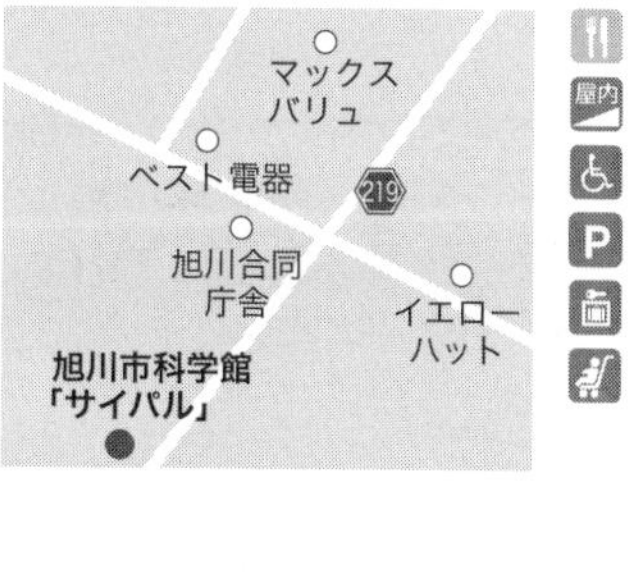

想像力がかき立てられる感覚体験

感覚ミュージアム

かんかくみゅーじあむ

宮城県大崎市

視覚・聴覚・嗅覚・味覚・触覚の〝五感〟をテーマとした日本で初めての博物館です。感覚を磨き、想像力を高めることで、ゆとりや心の豊かさを取り戻すのが、このミュージアムの目的。展示は「ダイアローグゾーン（身体感覚空間）」と「モノローグゾーン（瞑想空間）」のふたつのゾーンからなり、福井裕司氏、八木澤優記氏、石田智子氏らのアーティストの作品を中心に展示しています。老若男女だれでも体験できるのが大きな特徴です。

　広場ではアートフリーマーケットやワークショップなどが開催されており、家族で出かけたいミュージアムとして人気を集めています。

学芸員のイチオシコーナー

精神浴で心と体をリラックスさせる「ハートドーム」

「ハートドーム」はハート型をしたドームで、感覚ミュージアムのシンボルとなっています。床には漆塗りで流線形をした体を横たえることのできるくぼみがしつらえてあります。そこは、ゆったりと精神浴をする「水のないお風呂」に見たてられ、さまざまな色に染まっていく空間の変化や柔らかな音楽を鑑賞することができます。あまりの心地よさに眠ってしまう人も……。忙しい日常を忘れ、音楽と色に包まれてみませんか。

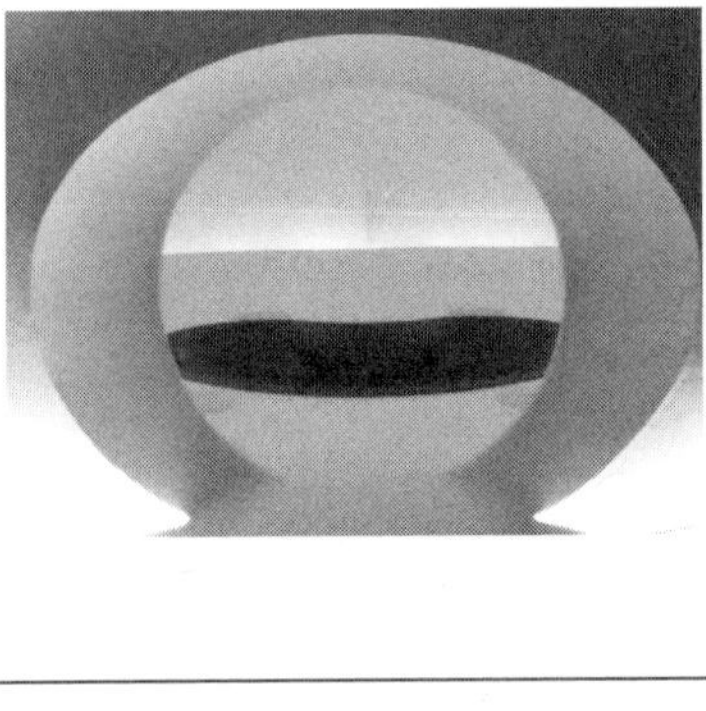

お出かけDATA

〒989-6434
宮城県大崎市岩出山字下川原町100

☎ 0229-72-5588

9:30～17:00(入館は16:30まで)
※4～9月の土・日曜日、祝日は9:30～19:00(入館は18:30まで)

休 月曜日(祝日または振替休日の場合は翌日休館)、年末年始

¥ 大人500円、高校生300円、小学生・中学生250円、幼稚園以下は無料

JR岩出山駅から徒歩7分

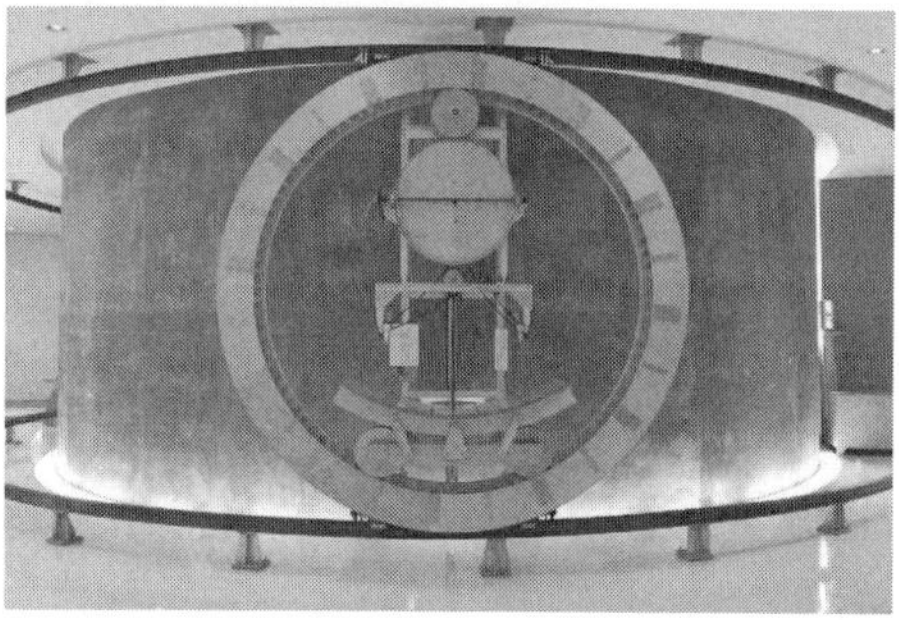

直径3.2mの車輪についた台の上に寝た状態で、手足の力で回転運動をさせて線を描く「サークル・ン・サークル」。

30万本のこよりで構成された空間。

天井以外はすべて鏡張りの「エアートラバース」。

ミュージアムショップで買いたいオリジナルグッズ

CD「heart」 2,800円(税込)

館内で流れている音楽を収録したもの。さわやかな音を家にもって帰りたい人に人気。

五感だけではない人間の感覚機能

得 ミニ知識

私たちの体はさまざまな感覚機能を備えています。私たちがよく耳にする「五感」とは、視覚・聴覚・嗅覚・味覚・触覚の5つ。この分け方は、もとは古代ギリシャの哲学者・アリストテレス(前384～前322年)によるものであったといわれています。しかし現在では、感覚のなかには、熱さや痛みを感じる「表在感覚」や体の傾きなどを感じる「平衡感覚」など、ほかにも多くの感覚が備わっていることがわかっています。

印刷の奥深さが伝わってくる

印刷博物館

いんさつはくぶつかん

東京都文京区

「かんじる」「みつける」「わかる」「つくる」といった体験を通して、印刷の過去、現在、未来をわかりやすく伝えるために、2000(平成12)年に開館。展示は印刷の誕生から現代までの歴史を5つのブロックに分けて紹介。印刷が宗教と共に発達したことから始まり、グーテンベルクの活版印刷の起源、そして現在の水と空気以外にはなんでも印刷できるという技術まで、国内はもちろん、海外の印刷にも焦点をあて、技術や文化がどのように発達したかを実物資料や映像などから感じ取ることができます。

館内に入ると印刷文化の歴史が壁いっぱいに展示されている。

西洋木製手引き印刷機。グーテンベルクが活版印刷を始めた当初の印刷機(レプリカ)。

学芸員のイチオシコーナー

印刷技術を体験する

印刷技術を実際に体験する「印刷の家」では、自分で和文活字をひろって一筆箋に名前を印刷したり、しおりをつくったりと、さまざまな体験ができます。体験は無料。開催日が決まっていますから、電話やホームページなどで確認を。

お出かけDATA

- 〒112-8531　東京都文京区水道1-3-3 トッパン小石川ビル
- 03-5840-2300
- 10:00〜18:00(入館は17:30まで)
- 休 月曜日(祝日または振替休日の場合は翌火曜日休館)、年末年始
- ¥ 一般300円、学生200円、中学生・高校生100円、小学生以下は常設展については無料
- 地下鉄丸ノ内線・南北線後楽園駅から徒歩10分、JR飯田橋駅から徒歩13分

参加体験で、撮影や編集の腕が上がるかも？

SKIPシティ 彩の国ビジュアルプラザ 映像ミュージアム

すきっぷしてぃさいのくにびじゅあるぷらざえいぞうみゅーじあむ

埼玉県川口市

映像産業の振興を目的に、埼玉県が中心となって推進する「SKIPシティプロジェクト」の一環として2003(平成15)年に誕生したのが映像ミュージアムです。映像の歴史、原理、そして映画制作のプロセスを展示するだけではなく、実際にカメラなどを操作できる参加体験型施設。アフレコ体験や撮影・合成体験のほか、映画で使われた衣裳の展示など、親子で夢中になれる展示ばかりです。ワークショップは、「クレイアニメ制作」「編集体験」など展示と連動した内容で、さらに理解を深めることができます。

まずは映像の原理や歴史を学べるコーナーで知識を習得。

プロ仕様のカメラを使って、撮影の技術を学ぶ。

学芸員のイチオシコーナー

演技力を試したい!「空飛ぶ魔法のじゅうたん」

本格的バーチャルスタジオ「301スタジオ」では、映像合成技術で恐竜の世界を冒険したり、世界一周の旅をしたりできる「空飛ぶ魔法のじゅうたん」が大人気です。ほかにも、気象予報士気分で楽しめる「お天気キャスター」、幼児向けプログラム「歌のお姉さんとデュエット」など、ブルーバック合成の仕組みを知りながら、家族ぐるみで楽しく体験できます。合成した画像はVHSテープやDVDで持ち帰りもできます。

お出かけDATA

- 〒333-0844　埼玉県川口市上青木3-12-63(SKIPシティ内)
- ☎ 048-265-2500
- 9:30～17:00(入館は16:30まで)
- 休 月曜日(祝日または振替休日の場合は翌平日に休館)、年末年始ほか
- ¥ 大人500円、小学生・中学生250円
- JR川口駅からバスで総合高校下車徒歩5分

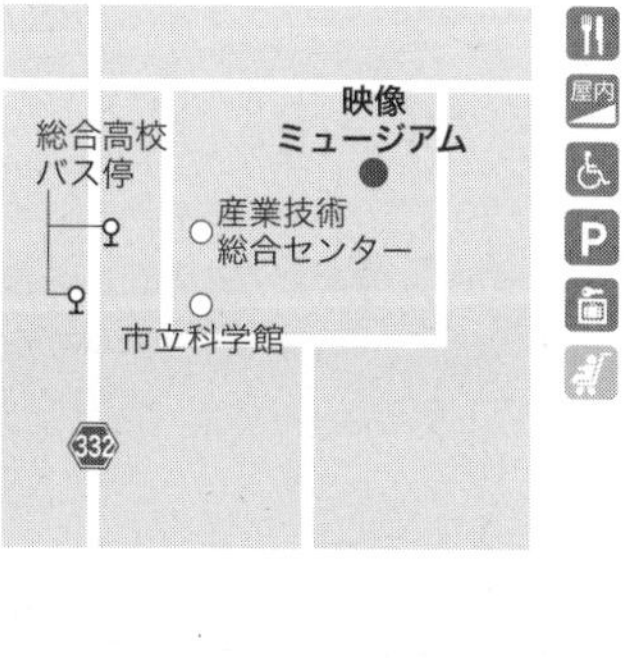

チャレンジしながら科学の楽しさに気づく

姫路科学館

ひめじかがくかん

兵庫県姫路市

２００９（平成21）年8月にリニューアルオープンした姫路科学館。高さ15ｍの吹き抜けのエントランスホールでは、館の新たなシンボル「ジャンボ熱気球」が来館者を迎えます。

常設展示は、「地球と郷土の自然」「身のまわりの科学」「私たちの宇宙」をテーマに、「実験体験」と「本物体験」を重視した企画で、まるで実験しているかのように試して確かめられるオリジナルの展示装置や、館の豊富な収蔵資料を定期的に入れ替えて公開するコーナーが新設されました。

また、世界最大級の直径27ｍのドームスクリーンをもつプラネタリウムでは、本物そっくりの満天の星と専門員による生解説を楽しむことができます。

「身のまわりの科学」のフロア。

学芸員のイチオシコーナー

「人間電池」になってみよう

新しくなった姫路科学館の特徴のひとつに「実験体験」があります。なかでも「人間電池」には人が参加して初めて展示が完成するという、実験した人にしかわからない面白さがあります。いろいろな種類の金属の板が電極になり、人間が両手でそれぞれの金属板を触ることで電池と同じ原理で電気が起きることがわかります。ひとりでも実験できますが、2人、3人、4人と手をつないで実験するとどうなるか体験してみてください。

お出かけDATA

- 〒671-2222　兵庫県姫路市青山1470-15
- 079-267-3001
- 9:30〜17:00（入館は16:30まで）
- 休　火曜日（祝日・休日の場合は開館）、祝日・休日の翌日（土・日曜日、休日の場合は開館）、年末年始、設備点検日など
- ￥　一般500円、小学生・中学生・高校生200円、幼児は無料
- JR姫路駅からバスで星の子館前下車すぐ、JR余部駅から徒歩30分

※プラネタリウムについては別途観覧料が必要。

身近な科学から世界を広げる

大阪市立科学館

おおさかしりつかがくかん

大阪府大阪市

2008(平成20)年のリニューアルオープンを記念して、1928(昭和3)年に大阪でつくられた東洋初のロボット「学《がく》天《てん》則《そく》」を復元。科学館の顔として、高さ3・2mの巨体がユーモラスに迎えてくれます。4階までの展示場は宇宙とエネルギーをテーマとしており、1階の「電気とエネルギー」のフロアでは、高さ6mの巨大な鉄塔の一部や実物の電柱など、ふだん間近では見ることのできない世界に入り込むことができます。2階の「おやこで科学」のフロアには体験できる展示が23もあります。

プラネタリウムドームいっぱいに大迫力の映像が広がる全天周映像。

1928年に大阪でつくられた東洋初のロボット「学天則」の復元。

学芸員のイチオシコーナー

暮らしのなかの化学を発見

日本最大規模の化学の展示フロア「身近に化学」。金属、宝石、プラスチック、繊維、薬、においをテーマに、それぞれの化学を原料やさまざまな製品で紹介しています。プラスチックのコーナーでは、昆虫がつくるプラスチック類似物質から、セルロイドやベークライトなどかつて一世を風靡《ふうび》したプラスチックまで、多彩な関連資料およそ200点を展示。化学の歴史、物質の変化を本物から感じ、学べるフロアです。

お出かけDATA

- 〒530-0005 大阪府大阪市北区中之島4-2-1
- ☎ 06-6444-5656
- 9:30〜16:45(観覧券の販売は16:00まで)
- 休 月曜日(祝日または振替休日の場合は開館)、祝日の翌日(土・日曜日、祝日または振替休日の場合は開館)、年末年始※臨時休館日あり
- ¥ 一般400円、高校生・大学生300円、中学生以下は無料　※プラネタリウム、全天周映像は別途観覧料が必要
- 地下鉄四つ橋線肥後橋駅から徒歩7分

※2010年4月より開館時間と休館日に変更予定あり。

海の資源を知るためには必見の博物館

東海大学 海洋科学博物館

とうかいだいがくかいようかがくはくぶつかん

静岡県静岡市

国内で唯一の海洋学部をもつ東海大学が母体となり、科学博物館と水族館が一体となった「海のはくぶつかん」として、1970(昭和45)年に開館しました。

1階は主に駿河湾に生きる350種を超える魚たちを飼育している水族館、2階は科学博物館でマリンサイエンスホールとメクアリウム(機械水族館)に分かれています。水族館には深さ6mもの巨大な水槽がフロア中央に設置され、「サンゴ礁の海」「海藻の海」「砂底の海」「岩礁の海」と4つの海中景観を四方から楽しむことができます。また、毎日上映される3Dハイビジョンシアターでは、巨大なオニイトマキエイが悠然と泳ぐ姿に出会えます。

学芸員のイチオシコーナー

「クマノミ・キッズ」でクマノミにタッチ

当館は世界で最初にカクレクマノミの繁殖に成功。以後14種類のクマノミ類を次々に繁殖させています。この成果をもとに、海から魚を採集しない、繁殖魚を中心にした水族館ができればと「クマノミ水族館」を開設。水槽では、クマノミの産卵が見られます。イソギンチャクと共生するクマノミは、卵もまた、イソギンチャクがつく岩に産みます。2009(平成21)年に開設した「クマノミ・キッズ」では、実際にクマノミに触れたりエサ(有料)をあげることもできます。

お出かけDATA

- 〒424-8620 静岡県静岡市清水区三保2389
- ☎ 054-334-2385
- 9:00～17:00(入館は16:30まで)
- 休 火曜日(祝日または振替休日の場合は開館)、年末　※春休み、ゴールデンウィーク、7・8月は無休
- ¥ 高校生以上1800円、4歳以上900円 ※上記は海洋・自然史両館共通券の料金
- JR清水駅からバスで東海大学三保水族館下車徒歩1分

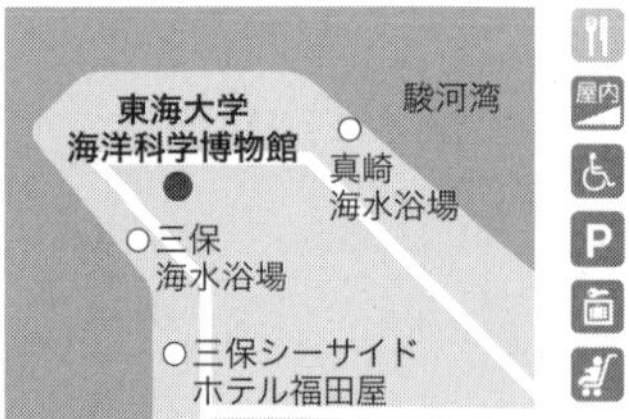

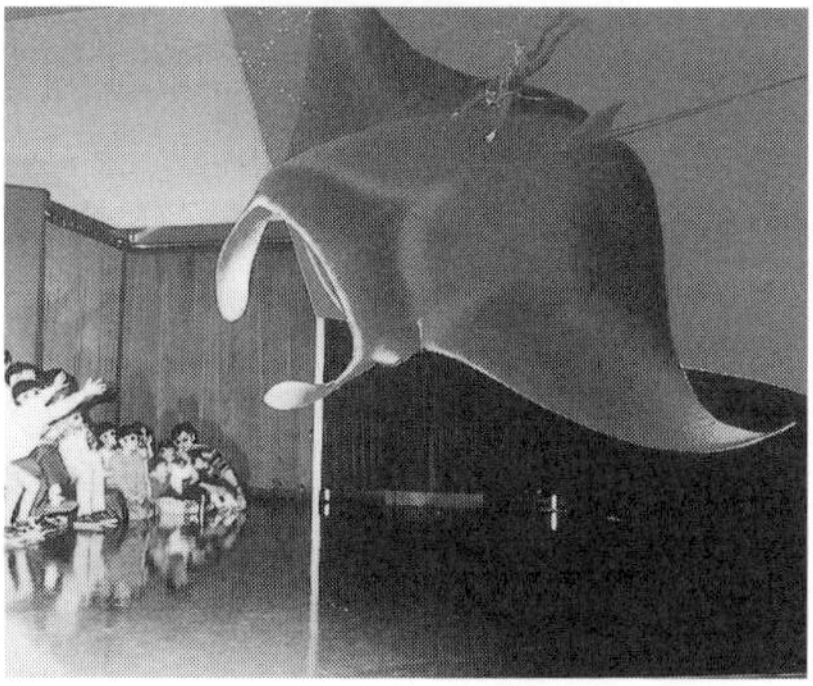

3Dハイビジョンシアターは世界初のハイビジョンによる立体映像が楽しめる。飼育が困難なオニイトマキエイが、ほぼ等身大の海中映像で目の前に!

ピグミィシロナガスクジラの全身骨格標本。全長18.6m。

世界で三十数例しか発見されていないメガマウスザメの剥製標本。全長は4.2m。

色あざやかなクマノミ。博物館でぜひ確認を。

ミュージアムショップで買いたいオリジナルグッズ

Tシャツ　1,900円(税込)

「クマノミ水族館」と「きらきらラグーン」の展示物をデザインしました。

得 ミニ知識

知れば知るほど不思議なクマノミ

あざやかな黄色やオレンジ色のクマノミは、世界中で29種類確認されているそうです。映画『ファインディング・ニモ』のキャラクターとして一躍有名になりましたが、なぜいつもイソギンチャクに体を隠しているのでしょうか？　実は、クマノミのエサの残りをイソギンチャクがもらう代わりに、外敵から身を守ってもらっているのです。

クマノミは不思議な生態をしており、より多くの卵を産み子孫を残すため、集団のなかで一番大きな個体がメスとなり、２番目がオスとなります。場合によって性の機能が入れ替わってしまうのです。

家族でカップルで、学んで楽しい体験空間

電力館

でんりょくかん

東京都渋谷区

暮らしを彩る電気への理解を深めてもらおうと、東京電力が１９８４(昭和59)年に若者の街・渋谷に開館。以来、電気に関連した新情報を発信し続けています。

原子力発電、火力発電、水力発電などに関する学びのフロア、電気の不思議を体験・実験するフロア、オール電化をイメージした家庭空間など1階から7階まで盛りだくさん。ここに来れば、電気のすべてがわかります。

3階にあるハーブカフェやスパ、香りのリラックス空間などは、女性に人気のスポット。ＩＨクッキング教室では、初心者からベテランまで参加できる多彩な料理教室を開催しています。

学芸員のイチオシコーナー

圧巻の見ごたえ「原子炉モデル」

5・6・7階のフロアを貫いて、原子力発電所の3分の1原子炉モデルが展示してあります。3分の1とはいえ、高さ約10mと迫力満点!

圧倒されるほどの大きさです。6階フロアからは、原子力発電の仕組みなどを、映像を見ながら理解することができます。

これからの低炭素社会を支えるエネルギー源として、欠かすことのできない原子力発電についてぜひ理解していただきたいと考えています。

お出かけDATA

- 〒150-0041 東京都渋谷区神南1-12-10
- ☎ 03-3477-1191
- 10:00～18:00
- 休 水曜日(祝日または振替休日の場合は翌木曜日休館)、年末年始
- ¥ 無料
- JR・東急線・京王線渋谷駅から徒歩5分

「暮らしとつながるエネルギー」がテーマの7階。水力・火力・原子力発電など東京電力の取り組みがわかるフロア。

5階は「未来を探るサイエンスゾーン」。触ったり、体を動かしたりして科学と触れ合う楽しさを知る。大人も楽しめる。

「地球環境と原子力発電」がテーマの6階。高レベル廃棄物の処分方法やエネルギーについて考える。

得 ミニ知識

人物の名前に由来する電気の単位

電気で用いられている単位には人物名がつけられたものが多くあります。1秒間に流れる電気の量(電流)を表すA(アンペア)は、フランスの物理学者・アンペール(1775～1836年)からとったものです。また電気の仕事量の単位W(ワット)は蒸気機関の発展に貢献したイギリスのワット(1736～1819年)。電気抵抗の単位Ω(オーム)はオームの法則を発見したドイツ人物理学者・オーム(1789～1854年)。そして電圧の単位であるV(ボルト)はボルタ電池を発明したイタリア人物理学者・ボルタ(1745～1827年)に由来。難しそうな電気の単位も、人物を思い浮かべると身近に感じてきます。

「食」や「農」から文化や環境を考える

東京農業大学「食と農」の博物館

とうきょうのうぎょうだいがくしょくとのうのはくぶつかん

東京都世田谷区

1891(明治24)年に創立した東京農業大学が、その教育と研究の成果を発信する場として2004(平成16)年に「食と農」の博物館をつくりました。高齢者には懐かしい足踏み脱穀機などの古い農機具、珍しい酒器、そして日本鶏45品種、外国種11種類、計115体の鶏の剥製など、興味深い資料が並びます。農大の醸造科の卒業生が各地の蔵元でつくっているお酒のディスプレイはお酒好きには一見の価値あり。博物館展示のひとつとして隣接する温室「バイオリウム」には中央に動物ケージが設けられており、キツネザルが飼育されています。

酒を注ぐとヒューヒューと鳴く鶯徳利と、酒を飲むとヒューと音を出す鶯杯。

大正時代に日本で考案された足踏みの回転式脱穀機。

学芸員のイチオシコーナー

鶏と農機具

2階に展示されている約64種の日本鶏の剥製標本からは、鶏が卵や肉を得るためだけでなく、その性質から愛玩用として品種が改良されたことがわかります。

同じく2階には初代学長にちなんだ「稲に聞く」と題したコーナーがあり、日本全国から集めた約3600点の古農具のなかから稲作関係の農具を展示。近世から現代にいたる日本の農業の変遷をみるうえで、格好の資料となっています。

お出かけDATA

- 〒158-0098 東京都世田谷区上用賀2-4-28
- 03-5477-4033
- 4～11月10：00～17：00、12～3月10：00～16：30(いずれも入館は閉館の30分前まで)
- 休 基本的に月曜日(電話またはホームページ等で確認を)、年末年始
- ¥ 無料 ※常設展・企画展とも無料
- 小田急線経堂駅から徒歩20分。小田急線千歳船橋駅から東急バス・JR渋谷駅から小田急バスで農大前下車徒歩2分

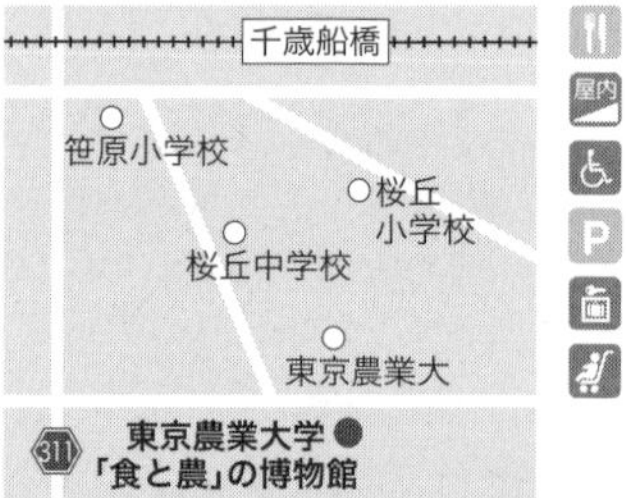

これも見逃せない！
お宝いっぱい！

神社仏閣
博物館

空海から続く宗教芸術の宝庫

高野山霊宝館

こうやさんれいほうかん

和歌山県伊都郡

１２００年ほども前に空海（弘法大師）によって開かれた高野山は、山全体が寺であり、修行道場とされています。

その一方、２００４（平成16）年に世界遺産に登録された高野山は、長い歴史のなかで収集された優れた仏教美術の宝庫でもあります。

それらを収蔵する霊宝館は、標高９００ｍほどの地に金剛峯寺などの寺院と共に建っています。１１７カ寺に伝わる貴重な文化財を保存・展示するため、１９２１（大正10）年に開設。国宝20余件、重要文化財１４０余件を含む収蔵総数は５万点以上といわれ、定期的にテーマを絞った展覧会が開催されています。

鎌倉時代の運慶作と伝えられる「八大童子立像」、現存する最古の涅槃図といわれる平安時代の「仏涅槃図」などの国宝は、企画展や年に１回開かれる大宝蔵展で見ることができる場合があります。

数々の仏像に囲まれて静寂のひと時を過ごすのも、霊宝館の楽しみ方のひとつ。

お出かけDATA

- 〒648-0211 和歌山県伊都郡高野町高野山306
- 0736-56-2029
- 5～10月8:30～17:30、11～4月8:30～17:00（いずれも入館は閉館の30分前まで）
- 休 12月28日～1月4日
- ¥ 一般600円、高校生・大学生350円、小学生・中学生250円
- 南海電鉄難波駅から特急で極楽橋駅まで約1時間25分、急行で約1時間40分。南海鉄道高野線高野山駅から南海バスで千手院橋下車徒歩10分

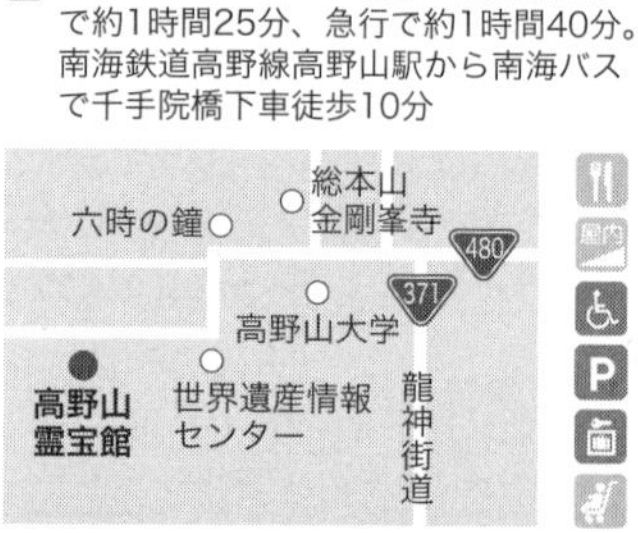

887（仁和3）年に創建された西塔の本尊であった「大日如来坐像」（重要文化財）。高野山では数少ない平安時代初期の像。

主な収蔵品

- 諸尊仏龕《しょそんぶつがん》（国宝）
- 八大童子立像・矜羯羅童子像《こんがらどうじぞう》（国宝）
- 八大童子立像・制多伽童子像《せいたかどうじぞう》（国宝）
- 快慶作・孔雀明王像（重要文化財）
- 不動明王坐像（重要文化財）
- 紺紙金銀字一切経《こんしきんぎんじいっさいきょう》（国宝）
- 阿弥陀聖衆来迎図《あみだしょうじゅらいごうず》（国宝）

高野山を開いた空海（弘法大師）はどんな人物だった？

空海は讃岐国（現在の香川県）に生まれ、15歳の頃から漢学や史学を学びました。特に漢詩については優れた才能があったといわれています。若くして出家した弘法大師は、31歳で遣唐使として長安に渡り、2年余りの滞在の間に密教をきわめ、帰国後その教えを広めていきました。また、留学の間に土木事業などの高い技術を修得し、讃岐国にある万濃池の修築にも関わりました。「弘法にも筆の誤り」ということわざからも推測できるように、書の名人としても大変有名な人物で、霊宝館の収蔵品のなかにある大師自筆とされる「聾瞽指帰《ろうこしいき》」（国宝）などから、その筆跡に触れることができます。

一度は足を運びたい密教美術の宝庫

東寺宝物館

とうじほうもつかん

京都府京都市

東寺は796(延暦15)年、1200余年前に創建され、平安京の遺構として唯一残る寺院です。また、唐に渡り密教を学んだ弘法大師(空海)により、日本で初めて誕生した密教寺院でもあり、1994(平成6)年には世界遺産に登録されました。金堂、五重塔、御影堂などの建築物を含む国宝25件80点、重要文化財52件2万3600余点を所蔵。1965(昭和40)年から宝物館で一般公開が行われるようになりました。高さ6m近くの迫力ある「千手観音菩薩立像」や現存する最古の色彩曼荼羅「両界曼荼羅図」など、一度は見ておきたい密教芸術の作品がそろっています。宝物館の開館は春と秋(春期3月20日~5月25日、秋期9月20日~11月25日)のみで、膨大な作品、資料のなかから多彩なテーマで一般公開されます。

平安時代につくられた「千手観音菩薩立像」(重要文化財)。もと食堂《じきどう》の本尊で木造漆箔、高さ584cm。

おでかけDATA

- 〒601-8473　京都府京都市南区九条町1
- 075-691-3325
- 3月20日~5月25日9:00~17:30、9月20日~11月25日9:00~16:30(いずれも入館は閉館の30分前まで)
- 休 上記期間中は無休
- ¥ 大人500円、中学生以下300円
- 近鉄京都線東寺駅から徒歩10分、JR京都駅から徒歩15分

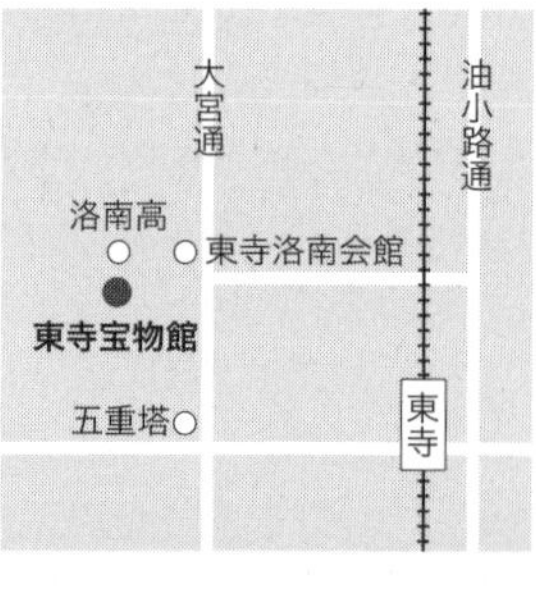

平安京の入口・羅城門に祀られていたという「兜《と》跋毘沙門天《ばつびしゃもんてん》立像」(国宝)。中国の唐時代につくられた。

得 ミニ知識

主な収蔵品

- 両界曼荼羅図(伝真言院曼荼羅)(国宝)
- 真言七祖像(国宝)
- 五大尊像(国宝)
- 十二天屏風(国宝)
- 金銅密教法具(国宝)
- 千手観音菩薩立像(重要文化財)
- 聖僧文殊坐像(重要文化財)

空海が表した密教世界「立体曼荼羅」

行事の時、修行の時に掛けられるという「曼荼羅」。曼荼羅とは、悟りの境地を絵画でわかりやすく表現したもので、曼荼羅には、「胎蔵界曼荼羅」と「金剛界曼荼羅」があり、それぞれが理と智慧《ちえ》の教えを伝えています。曼荼羅にはいくつかの種類がありますが、空海の思想を表したものに「立体曼荼羅」があります。空海は、密教の教えを伝えるために曼荼羅を立体で表現。これが東寺・講堂に安置されている立体曼荼羅です。密教の主尊である大日如来を中心とした五智如来、金剛波羅蜜多菩薩、不動明王など21体の仏像が並んでいます。

"母の寺"にある博物館

耕三寺博物館

こうさんじはくぶつかん

広島県尾道市

耕三寺は、瀬戸内海の生口島《いくちじま》にあります。

技術者で実業家であった耕三寺耕三氏が母親の死後、母への感謝の心を込めて、自ら僧籍に入り1935(昭和10)年より30余年の生涯をかけて菩提寺として建立。宇治の平等院鳳凰堂を再現したという本堂をはじめ、堂塔のうちの独創的な建物15棟は国の有形文化財の指定を受けています。

所蔵作品のなかでも、とりわけ仏教美術、鎌倉時代から江戸時代までの来迎図、涅槃図、曼荼羅図などの絵画は作品がまとまっており、実際に千手が描かれている「千手千眼観音像図」(重要文化財)は、見逃せない作品です。

鎌倉時代の1201(建仁元)年に仏師・快慶によってつくられた「宝冠阿弥陀如来坐像」(重要文化財)。

お出かけDATA

- 〒722-2411 広島県尾道市瀬戸田町瀬戸田553-2
- ☎ 0845-27-0800
- 9:00～17:00
- 休 無休
- ¥ 一般1200円、高校生700円、中学生以下は無料
- 三原港・尾道港から船で瀬戸田港下船徒歩10分

鎌倉時代の似絵の名品といわれる「佐竹本三十六歌仙断簡　紀貫之像」（重要文化財）。表具の上下には本願寺伝来の能衣装の裂が使われている。

宮崎県児湯郡高鍋町持田25号古墳から出土した「画《が》文《もん》帯《たい》同《どう》向《こう》式《しき》神《しん》獣《じゅう》鏡《きょう》」（重要文化財）。

主な収蔵品

- 釈迦如来立像（重要文化財）
- 釈迦如来坐像（重要文化財）
- 千手千眼観音像図（重要文化財）
- 八相涅槃図（重要文化財）
- 大般若波羅密多経巻九十九（重要文化財）
- 陽光太上天皇消息（重要文化財）

得　ミニ知識

耕三寺耕三

耕三寺を開山した耕三の得度前の名は金本福松といいます。金本は12歳で父を亡くし、14歳の時、高等小学校高等科卒業と同時に、異母兄が経営する製缶工場に就職。16歳になると大阪・桜島の会社に酸素溶接見習工として就職。34歳の時、大阪で鋼管製造業の経営を開始しました。

事業に成功した金本は、1927（昭和2）年に故郷瀬戸田に母のための別荘「潮《ちょう》聲《せい》閣《かく》」を建築。母が1934（昭和9）に他界すると、翌年、母の菩提を弔うため得度して僧侶となり金本耕三と名乗りました。その後、潮聲閣周辺に35年もの歳月をかけて耕三寺を建立。今では、「母の寺」として親しまれています。

東北随一の宝物をめぐる

中尊寺讃衡蔵

ちゅうそんじさんこうぞう

岩手県西磐井郡

中尊寺は、850(嘉祥3)年、天台宗の高僧、慈覚大師円仁によって始まったといわれており、その後、1105(長治2)年より、奥州を拠点としていた藤原清衡によって、東北地方の戦乱で亡くなった人の霊を慰めるため、多宝塔や二階大堂など多くの堂塔伽藍が建立されました。

14世紀の火災により多くの堂塔が焼失するなか、金色堂は1124(天治元)年の建立以来、中尊寺創建当初の姿を伝える唯一の遺構として国宝に指定されています。

讃衡蔵とは「奥州藤原氏3代(清衡・基衡・秀衡)の偉業を讃える宝蔵」という意味です。宝物館として1955(昭和30)年に開館した後、2000(平成12)年に新築され、現在は3000余点の国宝・重要文化財を収蔵しています。

国の重要文化財である木造の仏像が、歴史の重みを感じさせてくれます。

平安時代末期に藤原清衡の発願によってつくられた「紺紙金銀字交《こんしきんぎんじこう》書一切経《しょいっさいきょう》」(国宝)。紺紙に金字と銀字で一行ずつ書き交えている。「中尊寺経《ちゅうそんじきょう》」ともいわれる。

お出かけDATA

- 〒029-4195 岩手県西磐井郡平泉町平泉衣関202
- ☎ 0191-46-2211
- 4月1日～11月10日8:00～17:00、11月11日～3月31日8:30～16:30
- 休 無休
- ¥ 大人800円、高校生500円、中学生300円、小学生200円　※金色堂と拝観のセット料金
- JR平泉駅からバスで中尊寺下車徒歩5分

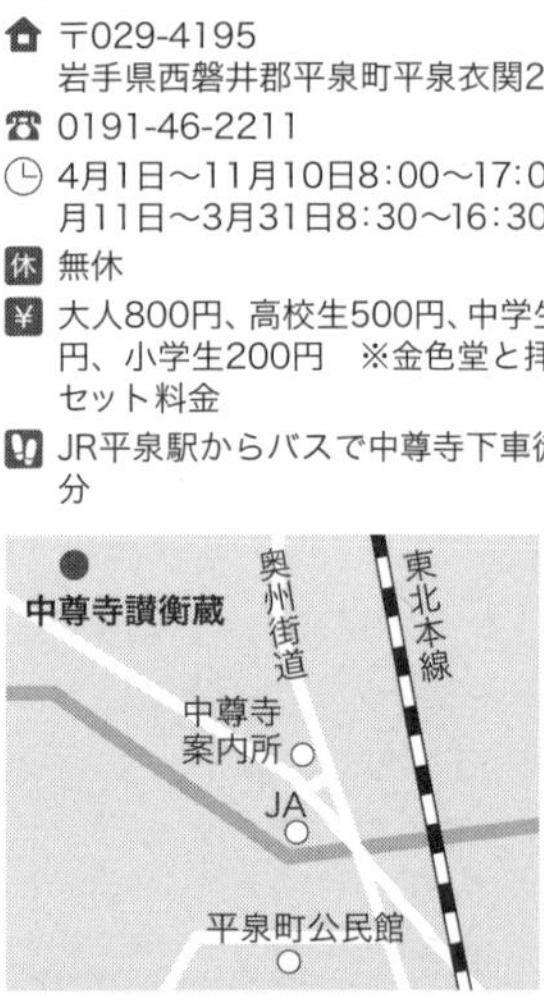

閼伽《あか》堂にあった「木造薬師如来坐像」（重要文化財）など３体の丈六仏が並座する。

主な収蔵品

- 木造阿弥陀如来坐像（重要文化財）
- 木造千手観音立像（重要文化財）
- 木造薬師如来坐像（重要文化財）
- 螺鈿八角須弥壇《らでんはっかくしゅみだん》（国宝）

得 ミニ知識

松尾芭蕉が詠んだ平泉

源義経が平泉に自害し、奥州藤原氏が滅亡して500年目にあたる1689（元禄2）年、松尾芭蕉は門人の曾良と共に「奥の細道」の旅に出ました。

江戸を発って44日後の5月13日、平泉を訪れた芭蕉は、まず義経の居館があったという高館の丘に登りました。頂きから眼下を望むと、束稲山の麓に悠然と横たわる北上川、泉ヶ城の周りを流れて北上川に合流する衣川。そこには往時の栄華はなく、夏草が生い茂っているばかりでした。そこで詠んだ句が「夏草や　兵どもが　ゆめの跡」です。

その後、中尊寺を訪れた芭蕉は、金色堂に参詣します。あたりの建物が朽ちていくなかで、かろうじて風雨をしのいでいた金色堂で詠んだ句が「五月雨の　降残してや　光堂」です。

千余年の歴史を展示する

瑞巌寺宝物館 青龍殿

ずいがんじほうもつかん　せいりゅうでん

宮城県宮城郡

奥州随一の禅寺といわれている瑞巌寺は、８２８（天長５）年、宮城県松島に、比叡山延暦寺の慈覚大師円仁により建立されました。

宝物館である青龍殿は、１９９５（平成７）年10月にオープン。季節やテーマにより常設・特別展示室で展示される収蔵品は３万余点にのぼり、「本堂障壁画」（重要文化財）や伊達家歴代藩主画像、書跡、茶碗などのほか、日本三景のひとつ松島に関する絵画や書などが充実しています。なかでも１６５２（慶安５）年に制作され、伊達政宗の遺言により、両眼が備わった木像「伊達政宗甲冑倚像《かっちゅういぞう》」（県指定文化財）は政宗27歳の姿を等身大に再現したもので、歴史を身近に感じさせてくれる貴重な作品といえます。

境内では国宝である本堂、庫裡をはじめ、石斛《せっこく》（町指定天然記念物）や臥龍梅《がりゅうばい》（県指定天然記念物）など四季折々の花を楽しむこともできます。

天目釉が稲穂のように細かな線を浮かび上がらせた「禾目《のぎめ》天目茶碗」伊達政宗所用。

お出かけDATA

〒981-0213
宮城県宮城郡松島町松島字町内91

022-354-2023

8:00～17:00（入館は16:30まで）
※季節によって閉館時間の変更あり

休　無休

¥　一般700円、小学生・中学生400円
※本殿拝観料に含まれる

JR松島海岸駅から徒歩5分

国の重要文化財「頼賢碑《らいけんひ》」（レプリカ）も展示されている。

「伊達政宗甲冑倚像」（県指定文化財）。27歳の伊達政宗を等身大で再現した木像。

主な収蔵品

- 伊達政宗甲冑倚像（宮城県指定文化財）
- 仏涅槃図（宮城県指定文化財）
- 釈迦説法図（宮城県指定文化財）
- 十一面千手観音坐像
- 雲居希膺像《うんごきようぞう》
- 御本茶碗《ごほんちゃわん》（李朝17世紀）
- 大脇差（宮城県指定文化財）

得 ミニ知識

伊達政宗の一大事業

現在の瑞巌寺は、1609（慶長 14）年、伊達政宗が桃山様式の粋をつくし、4年の歳月をかけて完成させた伊達家の菩提寺です。1600（慶長 5）年、関ヶ原の戦いが終わった後、仙台に居城を定めた政宗は、仙台城の造営とあわせて神社仏閣の造営も行い、鹽《しお》竈《がま》神社や仙台大崎八幡宮、陸奥国分寺薬師堂を相次いで完成させました。

なかでも、瑞巌寺の造営は、諸国から名工 130 人を集めたり、熊野山中から建材を取り寄せたりするなど、特に心血を注いだ事業だったと伝えられています。

良縁で結ばれる出雲大社の力

出雲大社宝物殿

いずもたいしゃほうもつでん

島根県出雲市

〝だいこくさま〟として親しまれている大国主大神《おおくにぬしのおおかみ》が祀られている出雲大社。出雲大社といえば縁結びの神様として知られていますが、これは男女の縁だけではなく、すべてのものが大国主大神のお力によって、よい縁で結ばれるのが本来の意味であるといわれています。

　出雲大社に伝わる宝物を展示する宝物殿は、1981（昭和56）年に完成。主な収蔵品には、黒漆地に螺鈿《らでん》298個が用いられた国宝「秋野鹿《あきのしか》蒔絵手箱《まきえてばこ》」や1333（元弘3）年に後醍醐天皇の命を受けて書かれた直筆の書「後醍醐天皇宝剣勅望綸旨《ちょくぼうりんじ》」など、絢爛な作品だけではなく、当時の様子を知るうえでも貴重な資料となる品々がそろいます。

　なお、出雲大社でのお参りは、ほかの神社と異なり、2礼4拍手1礼が作法となっています。また、「いずもおおやしろ」が正式な呼び方です。

古美術資料、歴史資料が並ぶ宝物殿。

お出かけDATA

〒699-0701
島根県出雲市大社町杵築東195

0853-53-3100

8:30〜16:30

休 無休

¥ 大人150円、学生100円、小人50円

一畑電鉄出雲大社前駅から徒歩7分

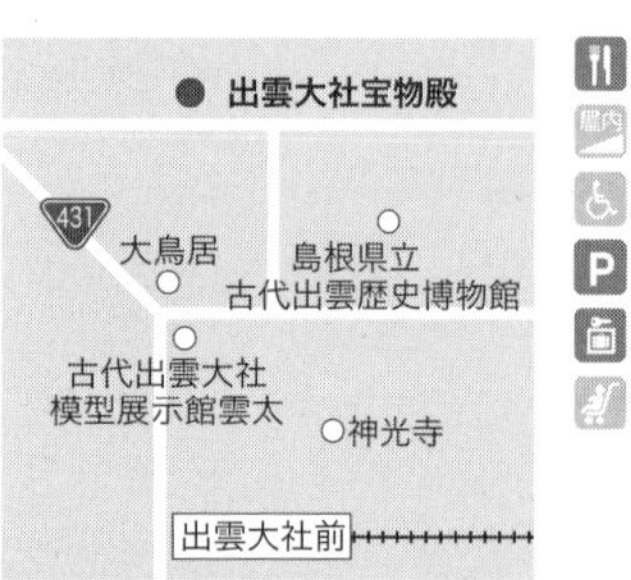

「秋野鹿蒔絵手箱」(国宝)。1175（安元元）年、遷宮に際して奉納されたと伝えられる。黒漆地に螺鈿で、秋の野に遊ぶ鹿の親子や小鳥などを描いている。

出雲大社に病気平癒を願った土佐国本山村(現在の高知県長岡郡本山町)に住む志和九郎左衛門が、願いが叶って参拝の代わりに川に流した舟が出雲大社まで漂着したという「願開舟《がんびらきぶね》」。

得 ミニ知識

主な収蔵品

- 後醍醐天皇王道再興綸旨(重要文化財)
- 銅《どう》戈《か》(重要文化財)
- 赤《あか》絲《いと》威《おどし》肩《かた》白鎧《じろのよろい》(重要文化財)
- 硬《こう》玉《ぎょく》製《せい》勾《まが》玉《たま》(重要文化財)
- 銅《どう》製《せい》鰐《わに》口《ぐち》

神聖なる地で、建築美の源流に触れる

出雲大社の本殿は、「大社造」と呼ばれる、日本で最も古い神社建築様式でできています。1744(延享元）年に造営され、高さ24 mにもおよぶ壮大な建物です。

本殿外観は、床が高く、屋根はヒノキの樹皮を用いた桧《ひ》皮《わ》葺《だぶき》と呼ばれる古くから伝わる手法が用いられています。棟を固定するために、斜めに突き出た千《ち》木《ぎ》、そして棟全体を押さえるように平行に並べられた3本の勝《かつ》男《お》木《ぎ》が美しく、ひと目見ただけでも印象に残る建物です。

文化ゾーン、見どころが充実

金刀比羅宮宝物館

ことひらぐうほうもつかん

香川県仲多度郡

〝こんぴらさん〟の名で親しまれている香川県讃岐の金刀比羅宮《ことひらぐう》。明治維新に廃仏毀釈が行われるまでは象頭山松尾寺金光院と呼ばれる寺院でした。琴平山(象頭山)の中腹にある御本宮まで全785段の石段は、かなりの急勾配が続きますが、休憩しながら上る人々でいつも賑わっており、途中には、一之坂鳥居、重要有形民俗文化財の「灯明堂」、重要有形民俗文化財「青銅大燈籠」、木馬舎など見どころも多くあります。

　金刀比羅宮宝物館は、1905(明治38)年に建てられました。平安時代の空海作といわれ、もとは金刀比羅宮の別当寺金光院の観音堂の本尊でもあった「十一面観音像」(重要文化財)や「三十六歌仙額」などをはじめ、重要文化財24点、重要美術品5点を含む能面、甲冑などの作品に触れることができます。また、この金刀比羅宮境内にはいくつかの文化施設が点在しており、一大文化ゾーンを形成しています。

　伊藤若冲の襖絵「百花図」などがある「奥書院」は非公開ですが、「表書院」では江戸時代後期を代表する円山応挙、その流れをくんで明治時代に活躍した森寛斎らの襖絵を見ることができます。そして、日本の近代洋画の祖である高橋由一の作品27点を収蔵する「高橋由一館」。さらに、金刀比羅宮文化顧問である田窪恭治氏が2005(平成17)年から公開制作をしている「椿書院」の障壁画。それぞれの時代を代表する作家の作品に出会えます。

お出かけDATA

- 〒766-8501 香川県仲多度郡琴平町892
- ☎ 0877-75-2121
- 8:30〜17:00(入館は16:30まで)
- 休 無休
- ¥ 一般800円、高校生・大学生400円、中学生以下は無料
- JR土讃本線琴平駅から徒歩20分、高松琴平電鉄琴電琴平駅徒歩15分

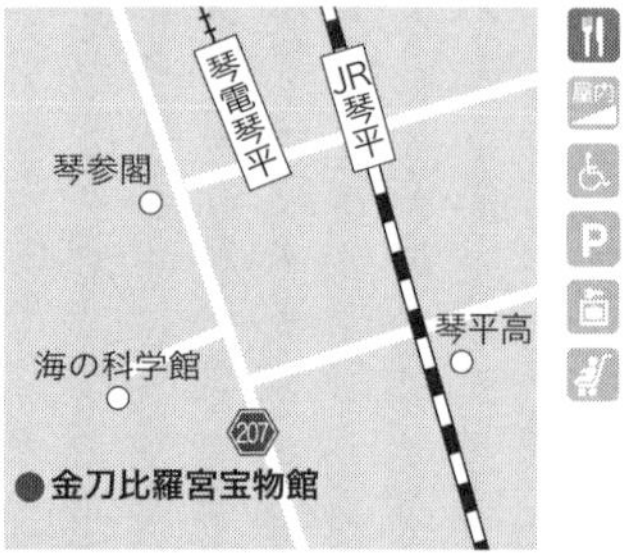

狩野探幽、狩野尚信、狩野安信の手になる「三十六歌仙額」が並ぶ館内。

平安時代につくられた「十一面観音像」（重要文化財）。檜《ひのき》の一木造で、像高1.44m。

主な収蔵品

- 桐竹菊花鳳凰文円鏡
- 楊柳観音像（伝・僧明兆）
- 文殊菩薩並びに牡丹図（狩野探幽）
- 中大兄皇子蹴鞠図（田中納言）
- 袈裟襷文銅鐸《けさたすきもんどうたく》
- 平形銅剣

得 ミニ知識

人々の平安を約束する大物主神

金刀比羅宮の主たる祭神は大物主神です。神霊は、強くて荒々しい荒魂《あらみたま》と、平和と繁栄をもたらす和魂《にぎみたま》の二面性をもっていると考えられていますが、大物主神は、出雲大社の祭神である大国主神《おおくにぬしのかみ》の和魂にあたる神様です。国づくりの神様として金刀比羅宮に祀られており、大己貴神《おおなむちのかみ》、八千矛神《やちほこのかみ》、大国魂神《おおくにたまのかみ》、顕《うつし》国魂神《くにたまのかみ》など、多くの名前をもっています。

万物をつかさどることをたたえた神名の通り、五穀豊穣や産業、文化などの繁栄と、国や人々の平安を約束してくれる神様です。島根の出雲大社をはじめ、埼玉の氷川神社や、石川の気多《けた》大社、東京の大《おお》国魂《くにたま》神社、静岡の小国《おぐに》神社など全国に非常に多く祀られています。

徳川家康の遺徳に与る

日光東照宮宝物館

にっこうとうしょうぐうほうもつかん

栃木県日光市

日光東照宮は、徳川初代将軍・徳川家康公を祀った神社として知られており、地形を生かした社殿の配置や、建物などの装飾、色彩などは独特の華やかさを放っています。現在の社殿群は1636(寛永13)年に建て替えられたものです。見どころは数多く、国宝の「陽明門」には故事逸話や子どもの遊び、聖人・賢人など500以上の彫刻が施されており、その美しさは日本随一であるといわれています。さらに、陽明門の左右に伸びる「廻廊」(国宝)にはわが国最大級の花鳥の彫刻が飾られており、極彩色の独特の美しさを放っています。「唐門」「御本社」も国宝に指定されており、これらの社殿群は1999(平成11)年に世界文化遺産に登録されました。

宝物館では、建て替えの際に上棟祭に用いられた国宝「大工道具および箱」や重要文化財である「南蛮胴具足」「脇差　勝光宗光合作　小サ刀《ちいさがたな》拵付《こしらえつき》」など、徳川家康の遺品をはじめ、朝廷などと深い関わりのある品々を収蔵、公開しています。また、東照宮社殿を20分の1で製作した模型は、社殿全体を見渡すことができ、その精巧さと絢爛さに驚かされます。

徳川家を支えた20人の武将を描いた「徳川二十将図」。

お出かけDATA

- 〒321-1431　栃木県日光市山内2280
- ☎ 0288-54-2558
- 4月1日～10月31日8:30～17:00、11月1日～3月31日8:30～16:00(いずれも入館は閉館の30分前まで)
- 休 無休
- ¥ 大人500円、高校生300円、小学生・中学生200円
- 東武日光線東武日光駅・JR日光駅からバスで西参道下車徒歩5分

儀式用の大工道具とその箱（国宝）。寛永の大造替《だいぞうたい》を指揮した幕府作事方大棟梁・甲良豊後より奉納された。

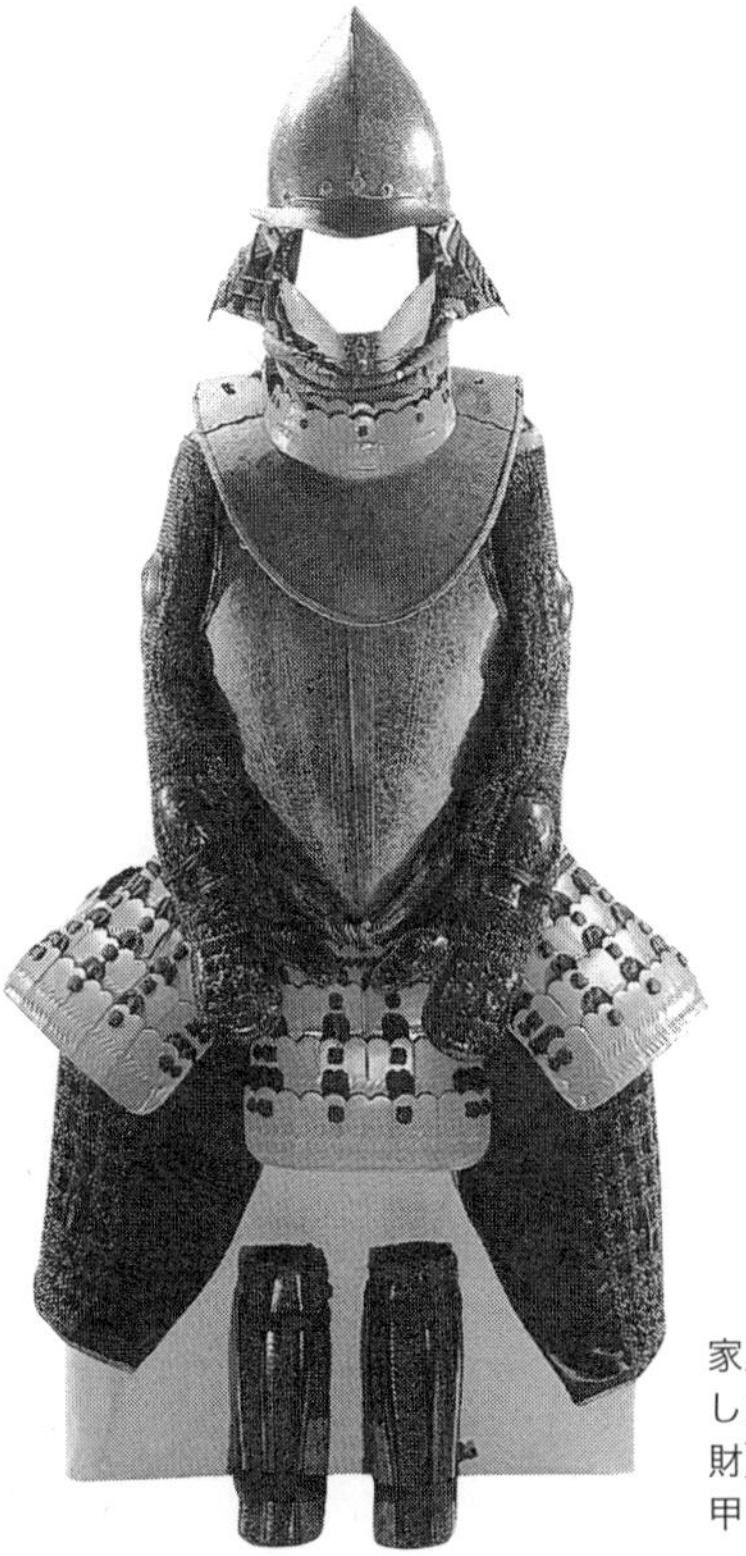

家康公が関ヶ原合戦で着用した「南蛮胴具足」（重要文化財）。兜や胴に舶来の西洋甲冑が用いられている。

主な収蔵品

- 脇差 勝光宗光合作 小サ刀拵付（重要文化財）
- 征夷大将軍宣旨《せんじ》
- 東照社縁起（重要文化財）
- 渾天儀《こんてんぎ》（重要文化財）

得 ミニ知識

当時の竜の鳴き声は？

日光東照宮の建物には「眠り猫」「三猿」をはじめ、多くの動物たちが用いられています。

本地堂（薬師堂）の内陣天井に描かれている「鳴竜」も有名なスポットのひとつです。34枚のヒノキの天井板に描かれた竜。その下に立ち、両手を打つと（お寺の方が拍子木を使い音を出してくれます）、音が平らな床とわずかな曲面をした天井との間を連続して反響することで、まるで竜が鳴いているかのように聞こえてきます。また聞く位置によって音の反響が微妙に異なるため、聞くたびに違った音に聞こえるのも不思議です。

博物館を200%楽しむ基礎知識

全国に5000以上もある博物館。そこは知的財産の宝庫です。知らなかったこと、知っておきたいこと、一度は見ておきたいもの。博物館に行くと、そんな思いがけない出会いに感動するに違いありません。もっともっと知的好奇心を満たすために、博物館の姿を改めて検証してみましょう。

日本で最初の博物館は湯島聖堂？

湯島聖堂の博覧会は東京国立博物館の第一歩

1872(明治5)年、東京・神田の湯島聖堂大成殿で旧文部省博物局によって日本で最初の博覧会が開かれました。

陳列されたのは文化財や剥製、標本など600点余り。人気の的となったのは名古屋城の金の鯱《しゃちほこ》だったといいます。展覧会は大成功で、入場制限まで行われ、入場者は15万人にもおよびました。この湯島聖堂の博覧会の開催をもって、東京国立博物館の創立・開館であるとされています。

神社仏閣の絵馬堂はギャラリーの始まり

ところで、日本にはもっと古くからギャラリー的要素をもったものがありました。それは神社仏閣の絵馬堂です。江戸後期には、絵馬をかけておく建物を額堂というようになりましたが、本堂も含めてそれらは誰でも見ることができるギャラリーであったのです。

江戸時代には、展覧会を紐解くうえで見逃せないもうひとつの出来事があります。それは、平賀源内が開催した「東都薬品会」です。1757（宝暦7）年に田村元雄が会主となって開かれた「東都薬品会」は、実は平賀源内によって発案されたもので、全国から珍しい薬品・薬草などを集め江戸の湯島天神近くの料亭で開催されました。この会の目的は、鎖国時代の日本における自給自足、国益増進にあったといいます。

当初は出展者も少なく、出品数も200種弱でしたが、1762（宝暦12）年に源内が会主となって開催した第5回「東都薬品会」では、1300種余りの薬品・薬草などが日本全国から集められました。物流が未発達な時代に、これだけのものを全国から集めたことは、実物を

博覧会の様子を描いた錦絵「古今珍物集覧」。二代一曜斎国輝作。

日本で初めて博覧会が開かれた湯島聖堂の大成殿（斯文会所蔵）。

見たことがない当時の本草学者たちにとっては非常に有益な会であったことでしょう。

　源内は翌年、過去5回の「東都薬品会」の集大成として『物《ぶつ》類《るい》品《ひん》隲《しつ》』を刊行しています。これは出品物を全部、玉部、虫部、草部などに分類した全6巻の辞典で、今でいえば図録のようなものです。「東都薬品会」は民間主導で開催された日本初の博覧会といえます。

COLUMN

博物館のルーツは紀元前3世紀にまでさかのぼる

博物館は英語でミュージアム(museum)ですが、このミュージアムの語源は紀元前3世紀、プトレマイオス朝の始祖・ソテルがエジプトのアレクサンドリアにつくった「ムセイオン」(mouseion)にあるといわれています。

　アリストテレスに学んだことのあるソテルは、図書館を中心としてコレクションや観測所などを備えた古代エジプト最高の学術の殿堂・ムセイオンをつくりました。図書館の蔵書は50万冊ともいわれ、印刷機のないこの時代に膨大な冊数を収集していました。

　アルキメデス、ユークリッドもこのムセイオンで学んでいます。

データで見る博物館の意外な素顔

昭和の後半からバブル期までが博物館開館ラッシュ

表1を見てもわかるように、博物館の多くは昭和の終わり頃から平成の初めに開館しています。

昭和50年代から急に増え始め、1988(昭和63)年に始まった「ふるさと創生事業」では、各地で博物館の新設ラッシュが起きました。1980年代後半のバブル期まで、博物館は順調に増えていきました。

ところが、バブルがはじけると新規計画は控えられるようになり、1998(平成10)年を過ぎると開館数は急激に減少していきました。

日本において博物館は、経済活動の発展と共に歩んできたと

表1　開館年区分別にみた開館数(全体／平成20年)　「日本の博物館総合調査研究報告書」平成20年度より

開館年区分	館数	構成比(%)	1年当たり(館)	開館年区分	館数	構成比(%)	1年当たり(館)
明治	18	0.8	0.4	昭和55年～	297	13.2	59.4
大正	16	0.7	1.1	昭和60年～	225	10.0	56.3
昭和元年～	42	1.9	2.2	平成元年～	298	13.2	74.5
昭和20年～	56	2.5	6.2	平成5年～	358	15.9	71.6
昭和30年～	100	4.4	10.0	平成10年～	243	10.8	48.6
昭和40年～	100	4.4	20.0	平成15年～	120	5.3	20.0
昭和45年～	160	7.1	32.0	無回答	11	0.5	／
昭和50年～	213	9.4	42.6				

表2　入館者数(全体／時系列比較)　「日本の博物館総合調査研究報告書」平成20年度より

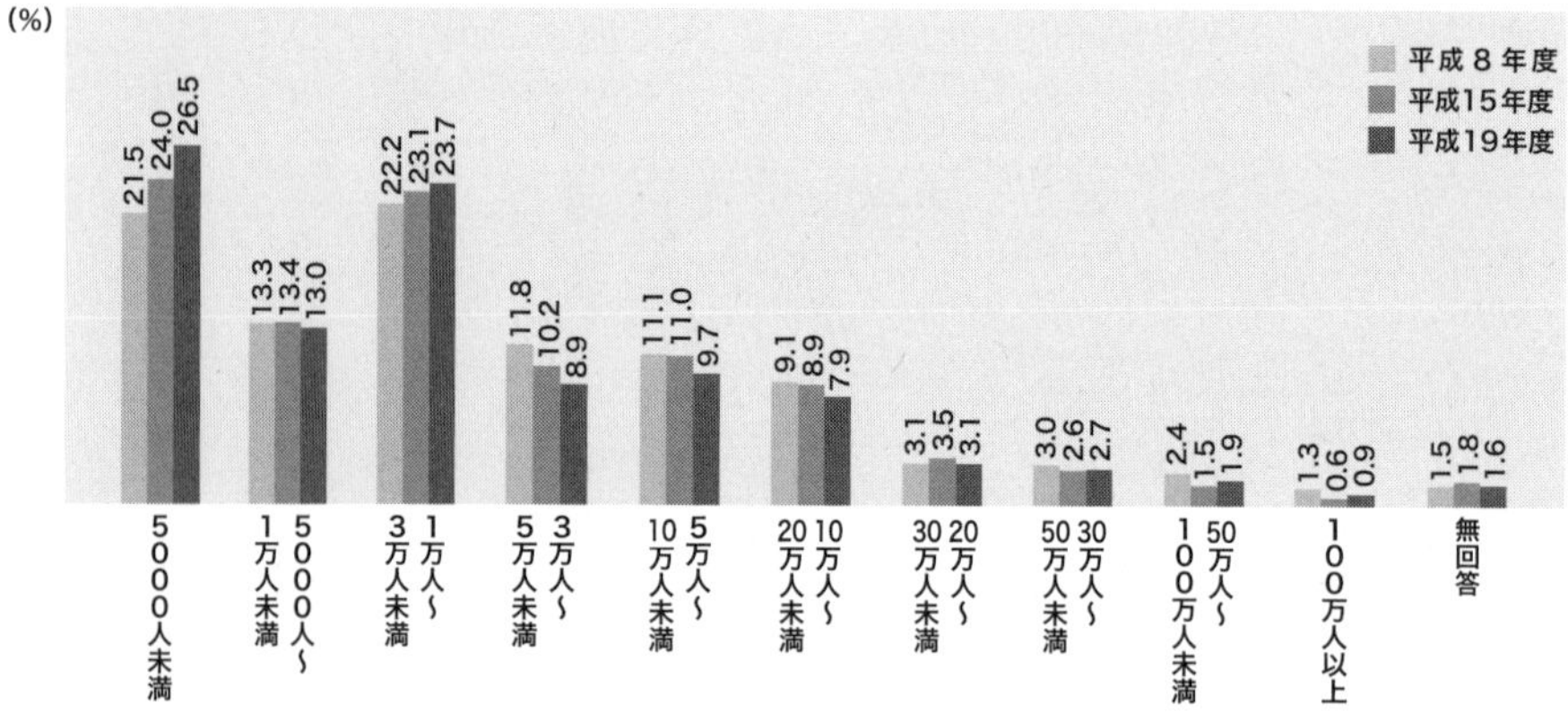

いえます。

減り続ける入館者

全国各地に博物館ができたものの、入館者は減少しており、今では博物館全体が抱える問題とされています。

表2のように入館者数5000人未満の館の割合は年々増えています。2007(平成19)年度には全体の4分の1以上を占めるほどになっています。

館が増えれば、1館当たりの入館者が減るとも考えられますが、それだけでなく子どもの数が減っていることも問題です。子どもは入館者数の大きな割合を占めています。現在は高齢者の増加により相殺されているものの、少子化によって、将来的にはさらに入館者が減ることが心配されています。

COLUMN

人口100万人当たりの博物館数ベスト10

順位	都道府県	館数
1	長野県	34.61館
2	富山県	31.48
3	山梨県	30.53
4位	島根県	26.95
5位	石川県	24.70
6位	高知県	16.33
7位	京都府	16.24
8位	福井県	15.82
9位	岡山県	15.33
10位	岩手県	15.16

文部科学省「社会教育調査」より
平成17年10月1日調査　算出方法は「博物館数÷総人口」
(博物館類似施設を除く)

教育普及活動に力を入れ始めた博物館

近年、博物館は「教育普及活動」に力を入れる傾向が強くなっています。逆に力を入れている館が減っているのが「収集保存活動」。資料購入の予算が取れないなどの負の理由も考えられますが、一方で、博物館が市民や学校など社会に対して開かれた教育の場として機能し始めているということもできます。

館として一番力を入れている活動
(全体/時系列比較)

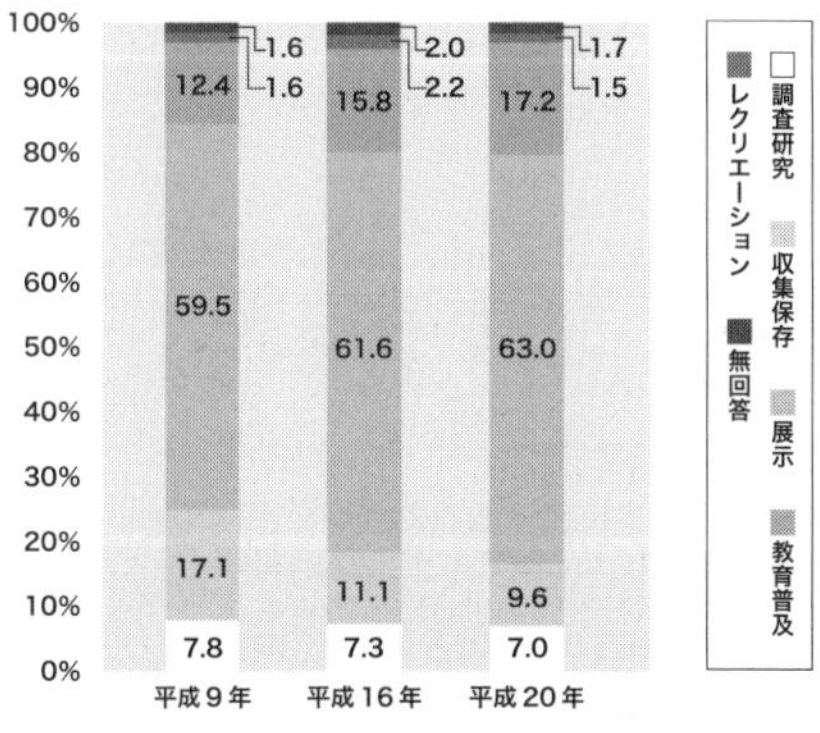

「日本の博物館総合調査研究報告書」平成20年度より

博物館は 3つに分けられる

美術館も水族館も博物館

博物館は歴史、民俗、芸術、自然科学などの資料の収集や保存、調査研究、展示などを行うと共に、人々の学習を支援する施設です。博物館というと、歴史、科学、考古などのテーマを扱うところと考えられがちですが、実は美術館や動物園、水族館なども博物館のカテゴリーに含まれています。

このように博物館は大変多様な形態をとっていますが、それらは登録博物館、博物館相当施設、博物館類似施設の3つに分類されます。

博物館は博物館法でも分類できる

登録博物館は教育委員会による登録を受けたもの。博物館相当施設は登録博物館ではないものの、それに類似する博物館として教育委員会の指定を受けたものを指します。

登録博物館と博物館相当施設は博物館法にのっとった運営が求められますが、博物館類似施設は法律の適用外となっています。つまり、博物館として機能しているにもかかわらず、類似施設は法律では博物館として認められていないというわけです。

下の表からもわかるように、大学(国立・私立共)、企業、個人がつくった博物館は登録博物館として認められることはありません。

	登録博物館	博物館相当施設	博物館類似施設
設置主体	●地方公共団体 ●一般社団法人（一般財団法人） ●宗教法人 ●政令で定める法人	制限無し	制限無し
設置要件	●館長、学芸員必置 ●年間150日以上開館 ●地方公共団体の場合は、教育委員会が所管　等	●学芸員に相当する職員必置 ●年間100日以上開館 等	制限無し （「社会教育調査」上は、博物館相当施設と同程度の規模をもつ施設）
登録または指定主体	都道府県教育委員会による審査・登録	都道府県教育委員会による審査・指定。ただし、設置主体が国、独立行政法人、国立大学法人の場合は国が審査・指定	制限無し
備考	博物館法上の博物館	博物館法上の博物館	博物館法に基づかない施設

変化する世界の博物館

リニューアルが進むドイツ・ベルリン博物館島

近年、世界の博物館は大きく変化しています。日本の博物館と比べると規模といい、構想といい何倍も大きなスケールでリニューアルしています。

ドイツの博物館島の旧ナショナルギャラリー。写真協力：石原正雄／PPS

たとえば、ドイツのベルリンではベルリン博物館の大改修が進んでいます。ベルリンではシュプレー川の中洲(博物館島と呼ばれている)に1830年に旧博物館が開館して以来、10 0年をかけて5つの博物館、美術館がつくられました。ところが、ヒトラーによる資料の散逸やドイツの分断などにより、それらは放置されたままでした。現在、これらの博物館・美術館の全面的な改修を行い、ナショナルギャラリーやペルガモン博物館などを新しく開館させて、博物館島の徒歩圏内に美術館・博物館を集める計画が進行しています。さらに、近隣にある大使館を見学するツアーを設けるなど、観光客が博物館を中心に楽しめる環境づくりも進められています。

新しい展開で人を集める

一方、グッゲンハイム美術館は、ベルリン、ヴェネツィア、ビルバオなど世界各国に分館をつくって、収集品を世界規模で展示しています。

また、大英博物館はミレニアム・プロジェクトの一環として、中庭をガラスの大屋根で覆う大改修を終え、ますます魅力的な博物館として世界中の人々を集めています。近代・現代美術を展示・収蔵するテート・ギャラリーもバンクサイド火力発電所を再利用してギャラリーにし、テート・モダンという新しいギャラリーを開設しています。ミュージアムショップ、特にブックショップが充実しており、イギリスの新名所として人気を集めています。

博物館の
展示方法は進化する？

学芸員と展示企画デザイン会社の共同作業で展示ができる

展示の方法次第で面白くも、つまらなくもなる博物館。これを誰が考えているのかといえば、基本的には学芸員です。

しかし、学芸員が考えたものを具体化するのは一般的に展示企画デザイン会社です。

学芸員の構想などをもとに、コンペやプロポーザル（提案）で展示企画デザイン会社が選定されます。その後は、コンペの段階でプランナーやデザイナーが提案した企画案をもとに、テーマと照らし合わせながら展示手法などを実現していきます。学芸員は学術的な面から企画構成を考え、展示企画デザイン会社などは展示空間全体や展示方法・手法を考えていくというわけです。

たとえば、展示物を見せたいと考えた時に、ただ並べただけでは来館者には理解できないので、学芸員を中心にプランナーやデザイナーが話し合いながら、映像やグラフィックなどさまざまな展示手法からできるだけ理解しやすい方法を検討していくのです。

このような作業を進めていくために、学芸員やプランナーは国内外の博物館などを視察したり、新しい建築やディスプレイの手法に常にアンテナを張っています。そして、来館者の興味をかき立てる展示、これまでにない展示をつくりあげるために、学芸員と展示企画デザイン会社の各専門スタッフがディスカッションを重ねて、新しい展示方法を生み出

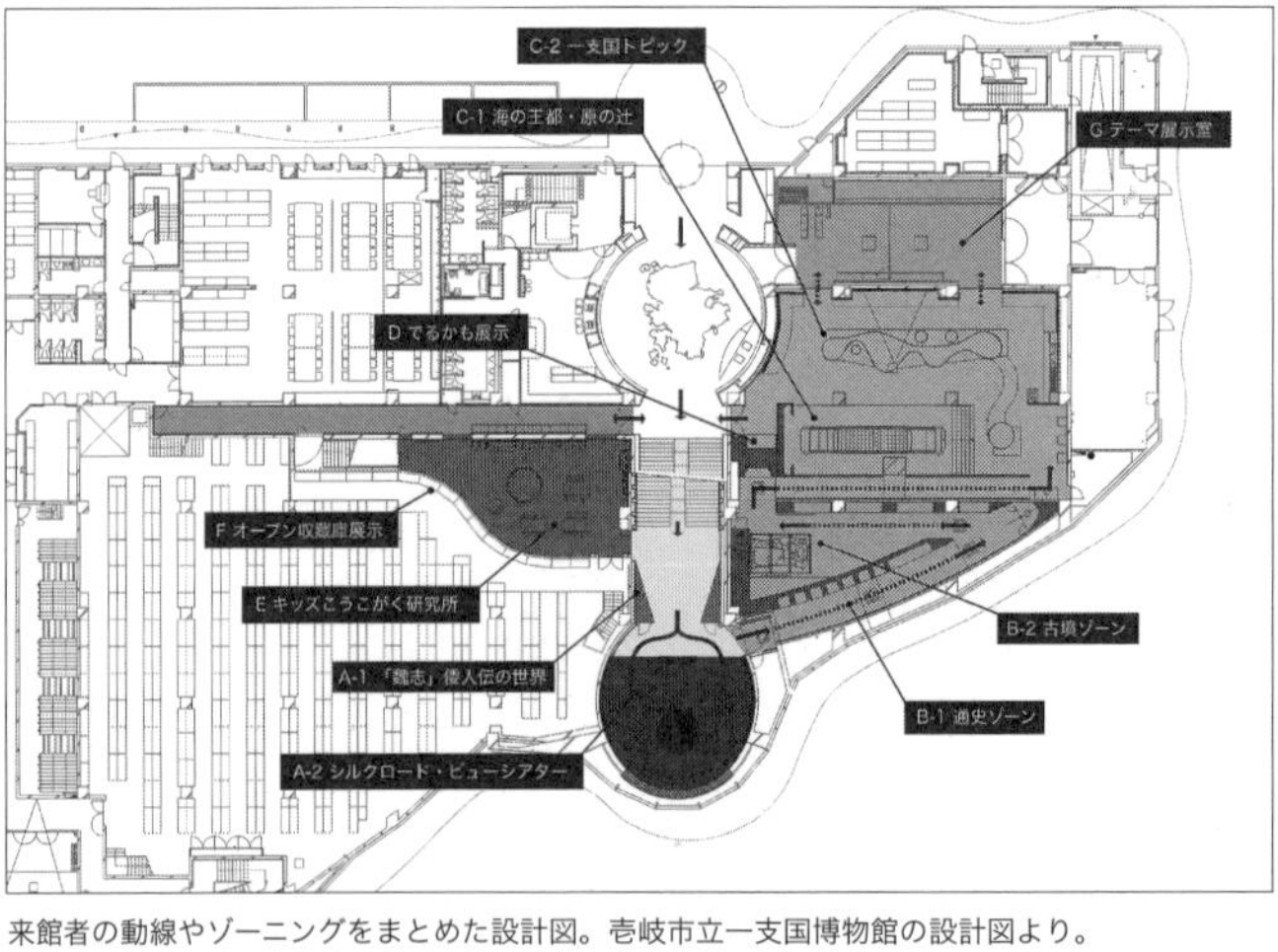

来館者の動線やゾーニングをまとめた設計図。壱岐市立一支国博物館の設計図より。
資料提供：長崎県・壱岐市・株式会社丹青社・株式会社乃村工藝社

しています。

ワークショップで展示方法を練り上げる

最近では、利用者の意見も取り入れようと、展示の計画や設計段階でワークショップを行うことも増えています。

たとえば、子どものための科学の展示であれば、地域の子どもや親に集まってもらい、実際に実験をして子どもの意見を聞きます。展示物をつくるのであれば、初めに展示物の一部分をつくって、子どもに体験してもらい、学芸員が意図していた内容が本当に伝わっているのか、ほかによい方法はないかなどを考えます。

こうした新しい展示方法の選択が、より効果的で充実した展示につながっています。

COLUMN

常設展と企画展はどこが違う？

常設展が特定のテーマで長期的に行われるのに対し、企画展（特別展）は、期間を限って、さまざまなテーマやストーリーで行われるもので、手づくりの展示から大規模な巡回展まで形態も多様です。

常設展も企画展も展示方法に大きな違いはありませんが、常設展は企画展に比べて展示期間が長いので、その設計・デザインの検討期間も長く、展示物に使う材料などは、展示資料の保存環境や耐久性も考慮し、より質の高いものが用いられています。

いつ訪れても楽しめる常設展と、期間限定ながらさまざまなテーマや展示資料に出会える企画展（特別展）があることで、博物館の魅力がさらにアップするといえます。

博物館には生き物と宇宙のすべてが詰まっている

博物館は展示の内容により大きく３つに分類することができます。ただし、分類の方法は決められているわけではなく、さまざまな分類法があります。下はその一例です。

これを見ると、博物館のなかは人や動植物、宇宙の過去から未来が詰まった壮大な空間であることがわかります。

1 総合博物館

自然科学系博物館と人文科学系博物館の資料を統合的に扱う博物館

2 自然科学系博物館

自然史博物館……自然史博物館（地質・動物・植物など）
科学技術博物館…科学博物館（理工・天文など）
産業博物館
生態園…………動物園・植物園・水族館

3 人文科学系博物館

美術系博物館……美術館（古美術・西洋・東洋・近代など）
歴史系博物館……歴史博物館・考古博物館・民族博物館など

レプリカと模型 似ているけれど違うもの

レプリカと模型の違い

レプリカは、型を取って本物そっくりにつくったり、写真や図面など資料を見てつくることもあり、材質まで資料と同じものを使う場合もあります。模写はレプリカの一種です。

一方、模型やジオラマとは、資料の縮小版であったり、原寸の場合であっても資料をもとに一定の想定を加えて体感するためにつくったものです。これらのつくり方はケース・バイ・ケースで、たとえば森のジオラマをつくる場合、樹木の幹や枝は本物を使い、葉は型抜きをして樹脂でつくることもあります。

レプリカや模型は、それらをつくる専門の会社があり、模型を得意とする会社やレプリカを得意とする会社があります。

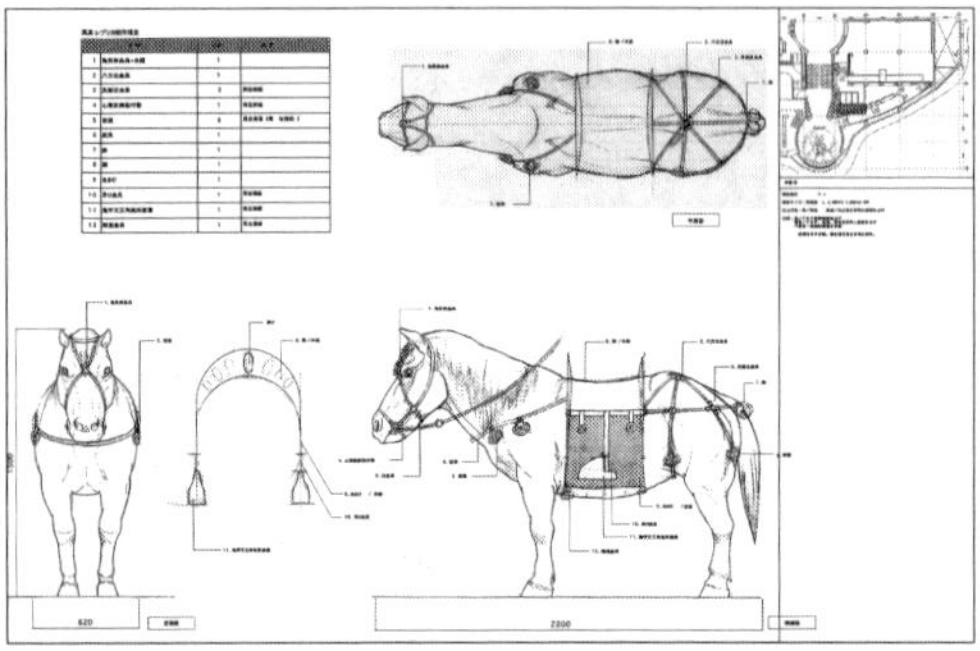

博物館で展示する馬の模型の設計図。壱岐市立一支国博物館の設計図より。
資料提供：長崎県・壱岐市・株式会社丹青社・株式会社乃村工藝社

製作過程でのチェックが完成度を高める

レプリカや模型の製作は、〝職人の技〟ともいえる技術によるところが大きく、その出来栄えが博物館の質にも関わってきます。それだけに、入念なチェックが繰り返されます。

職人がつくったものを、展示企画デザイン会社や学芸員がチェックしますが、サンプルづくりから完成までの段階で学芸員が製作現場に4～5回出向き、形や大きさ、色などをチェックします。そしてそのつど細かな修正が入ることになります。どれだけ手間をかけるかが、作品の完成度を決めるのです。

COLUMN

日本と欧米の博物館の違いは運営資金

東京都の場合、資料館も含めれば1区に1館は行政区が運営する博物館などの施設があり、それぞれが運営資金を出しています。このように、行政区ごとに博物館を運営しているのは、日本独自のあり方といえます。欧米では、ボストン美術館やメトロポリタン美術館のように民間の組織が企画運営しているケースがあったり、国立の博物館であっても国のみでなくさまざまな資金を出し合って運営するのが一般的です。

解説パネル1枚に膨大な時間をかける

空間に生きるパネルをデザインする

展示物の横には必ず解説文のパネルがあります。これらをデザインするのはグラフィックデザイナーです。

1枚のパネルに入れる文字数、色、書体など、あらゆる要素を企画段階から学芸員やプロデューサーといっしょに決めていきます。

広い空間と全体の構成を考えながらデザインする必要があるため、書籍や雑誌をデザインする能力とはまた違った能力が求められます。

グラフィックデザインは専門性が求められる

グラフィックデザイナーの最も大きな仕事は、学芸員や展覧会の監修者との打ち合わせだといわれます。何度も打ち合わせと修正を繰り返して完成にこぎつけるのですが、専門的な言葉を理解するための勉強は欠かせません。また、最近では外国語の表記も多くなり、こうした言葉に対する理解も必要とされます。

解説文の原稿は、基本的には学芸員が書きますが、時には監修者の指導のもと、展示企画デザイン会社が依頼するライターが書くこともあります。博物館の展示が専門的であるだけに、専門性をもったライターが書くことが多いようです。通常の常設展では、小学校高学年の子どもが理解できる内容の解説文が書かれており、難しい漢字などにはふりがなをふっています。

また、最近ではバリアフリーの観点から、文字のサイズを読みやすくすることにも配慮しています。ただし、解説文が長すぎたり、パネルが大きくなることで、資料が目立たなくならないよう、常に来館者の視点を考慮に入れています。

COLUMN

イヤホンガイドは本当に役に立つ？

自分のテンポで展示を見たい人や展示物についてよく知っている人にとって、イヤホンガイドは必要ないといえます。

ただし、展覧会全体にストーリー性がある場合や初めて見る展示物である場合、あるいは初めて博物館を訪れる人にとっては、イヤホンガイドの利用価値は高くなります。展示物を見ながら、同時に耳元で解説を聞けることは、展示鑑賞のひとつのメリットといえます。

軽くて、解説を各自が選んで聞ける機械であれば、利用する価値はより高くなるといえるでしょう。

高い技術力を誇る日本の美術品輸送

日本古来の知恵と新しい技術の融合

仏像や彫刻、絵画などの美術品を博物館や美術館に運ぶ美術品輸送の専門家が、しばしばマスコミに登場しています。さまざまな形状や大きさ、構造、材質、状態、製作年代の美術品を安全に運ぶこの仕事において、日本の美術品輸送技術は世界でも高い評価を得ています。

なかでも最大手の日本通運美術品事業部では、これまでにミロのヴィーナスや、ツタンカーメンのマスク、モナ・リザ、盧《る》遮《しゃ》那《な》仏《ぶつ》坐像、阿修羅像など、超一級の美術品や文化遺産の梱包輸送を手がけてきました。

ところで、日本の国宝などの輸送で使われる主な道具は、薄く、強く、柔らかく、しなやかで、最も優れた和紙といわれている薄葉紙、保湿効果の高い天然の真綿、さらし、麻紐などです。これらの日本古来の知恵や道具に、新しい技術を融合させ、美術品は運ばれています。

〝輸送は人ありき〟受け継がれる熟練の技術

輸送が計画されてから実際に輸送されるまでの準備期間は、輸送する美術品によって異なりますが、中国の始皇帝陵から東京へ兵《へい》馬《ば》俑《よう》を輸送した時や、奈良の唐招提寺から盧遮那仏坐像を東京へ輸送した時などは、5～6年の準備期間が必要であったといいます。美術品輸送には、緻密な計画と準備が必要なのです。

美術品輸送において欠かせないもののひとつが〝人〟です。いくら素晴らしい道具があっても〝人〟がいなければ美術品を運ぶことはできません。この業界では、いわゆる「ベテラン」と称されるまでには、20年ほどの経験と熟練の技術が必要になります。日本通運美術品事業部では、若手を積極的に起用し、ベテランの匠の技を継承しているといいます。

仏像の梱包をする。写真提供：日本通運株式会社

今さら聞けない
博物館の不思議

Q 仏像を展示する時には魂を抜くの？

A 仏像を移動させる前に、「御霊抜き」の法要をして魂を抜きます。お寺から仏像を借りる場合は、お坊さんが行います。

Q 人骨や割れた土器は、どうして保管している？

A 人骨といえども単なる標本資料ですから、箱に入れて保管しています。恐竜と同じです。

土器は、展示のために復元したものを解体して保管することもあります。ただし、破片のまま展示することもありますから、保管方法はケース・バイ・ケースです。レプリカならそのままの形で保管します。

Q 学芸員になるにはどうしたらよい？

A 大学で学芸員になるための単位を取得して卒業するだけでなく、学問分野での専門性をもたなければいけません。国が定める学芸員資格も必要です。しかし、資格を取っても、ポストが少ないので学芸員になることはかなり難しいでしょう。

Q 土地開発の際には発掘調査をするの？

A 日本では、大きな建物を建てたり道路をつくったりする際、そこに埋蔵文化財があると知られている「周知の埋蔵文化財包蔵地」であれば、発掘をして遺跡などがないかを調べなければ工事に着手できないという法律が定められています。これを緊急発掘調査といいます。この緊急発掘調査は、毎年全国で８０００件以上にのぼります。

Q 収蔵庫のなかは満杯？

A どの館でも10年から20年に1度くらいは、収蔵庫を増やしているといえるでしょう。それでもスペースには限度があります。

日本の博物館の場合、個人からの寄贈品も多く、それが資料としての価値が低くても受け入れるケースがあります。そのために、収蔵庫がいっぱいになってしまうのです。

本来は、なんでも受け入れるのではなく、受け入れる時に吟味すべきなのです。

あとがきにかえて

感動を呼び起こす博物館に

これからの博物館は、入館者に感動を覚えてもらえるかどうかがキーポイントになるでしょう。

感動とは、生き方に対するプラスのショックです。それは愛される博物館であるために必要なものでもあります。

以前、江戸東京博物館(江戸博)でホンダの創業者・本田宗一郎氏とソニーの創業者・井深大氏の特別展をしたことがあります。最初、私はそうした企業がからむテーマの展覧会を江戸博で行うのはいかがなものかと反対しました。しかし、担当学芸員は町工場から出発した創業者の生き方を展示することで、モノづくりに従事している人々に勇気を与えるのが目的だというのです。企業から協賛金はもらわず、企業の宣伝もしない。本田・井深両氏の単なる成功物語ではなく、失敗の上に成功があることを表現する展覧会にするといいます。そこで私も同意しました。

この特別展では、来館者に感想文を書いてもらい、それを出口に掲示していました。それを大勢の来館者が読んでいるのですが、それを読んだ多くの人たちが、涙を流しているのです。私も涙をおさえることができませんでした。

感想文の内容は、この展覧会を見て、自らの人生に思いを寄せるものが多く、たとえば、こう書いている人がいました。

「私は会社をリストラされて巷をさまよい、たまたまここに入った。しかし、この展覧会で本田さんと井深さんおふたりの生きざまを見て勇気をもらった。明日からまたせっせとハローワーク通いをします」。

博物館は来館者に感動を覚えてもらうことができる。そう実感したのはこの時です。

「ドキドキ ワクワク」を呼び起こすものは展示物だけでなく、ミュージアムショップやレストランもその要素といえます。

つまり、博物館そのものが感動を覚える場であること。それが、博物館の大きな魅力になるといってよいでしょう。

竹内　誠

監修者略歴　竹内　誠

1933年、東京生まれ。東京教育大学大学院博士課程修了。文学博士。専攻は江戸文化史・近世都市史。現在、江戸東京博物館館長、徳川林政史研究所所長、東京学芸大学名誉教授。主な著書に『元禄人間模様』(角川書店)、『相撲の歴史』(日本相撲協会)、『寛政改革の研究』(吉川弘文館)などがある。NHK大河ドラマの時代考証も担当。

装丁　石川直美（カメガイ デザイン オフィス）
本文デザイン　南雲デザイン
編集協力　鮎川京子（径ワークス）　澤登紀乃　青木こずえ　村重真紀
取材協力　株式会社丹青社　日本通運株式会社
地図制作　鈴木奏子
編集　鈴木恵美（幻冬舎）

知識ゼロからの博物館入門

2010年4月25日　第1刷発行

監修者　竹内　誠
発行人　見城　徹
編集人　福島広司

発行所　株式会社 幻冬舎
〒151-0051　東京都渋谷区千駄ヶ谷4-9-7
電話　03-5411-6211（編集）　03-5411-6222（営業）
振替　00120-8-767643
印刷・製本所　株式会社 光邦

検印廃止

ISBN978-4-344-90184-1 C2076
Printed in Japan
幻冬舎ホームページアドレス　http://www.gentosha.co.jp/
この本に関するご意見・ご感想をメールでお寄せいただく場合は、comment@gentosha.co.jpまで。